Affaire Demeufve, ancien notaire

LETTRE

DE

M. MEAUME

A SON ANCIEN CONFRÈRE

Me LOUIS LALLEMENT

NEUILLY

IMPRIMERIE BOUZIN-CÉSAR, FRÈRES

117, AVENUE DE NEUILLY, 117

—

1876

LETTRE

DE

M. MEAUME

ANCIEN CONFRÈRE

Mᵉ LOUIS LALLEMENT

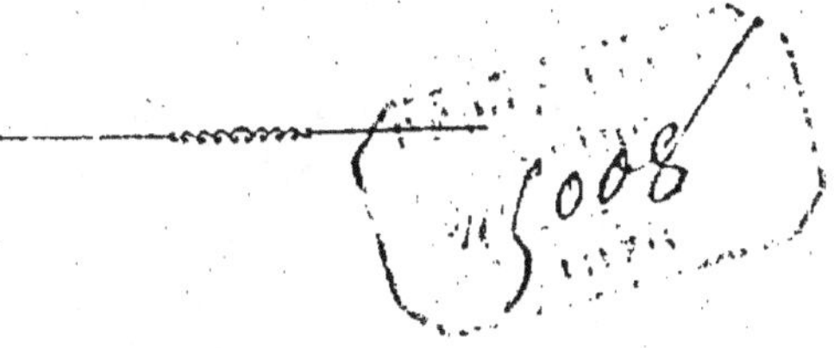

NEUILLY

IMPRIMERIE BOUZIN-CÉSAR, FRÈRES

117, AVENUE DE NEUILLY, 117

—

1876

LETTRE

DE

M. MEAUME

A SON ANCIEN CONFRÈRE
Mᵉ LOUIS LALLEMENT

MON CHER CONFRÈRE,

En me retirant à Neuilly, j'avais compté y prendre un repos bien gagné par trente-cinq années de travaux assidus. J'avais espéré surtout ne plus entendre parler d'affaires forestières et autres. Cet espoir a été trompé. D'anciens clients sont venus me chercher dans mon ermitage, et je n'ai pu leur refuser mes conseils. Puis voilà qu'une famille bien malheureuse, à laquelle celle de ma femme est alliée, m'apporte un fagot d'épines sous l'étiquette du cantonnement de la Barousse, affaire la plus compliquée de toutes celles que j'ai étudiées. Puis, chemin faisant, le propriétaire malgré lui de cette forêt m'a entretenu de son gendre, dont les deux femmes ont été les amies d'une fille que j'ai perdue. Ce souvenir m'est tout à la fois triste et doux. Je me suis intéressé au pauvre captif. J'ai retrouvé, dans cette occasion, quelque chose des ardeurs de ma jeunesse. J'ai lu tout ce qui m'a été envoyé et les bras me sont tombés en acquérant la conviction que la justice a frappé un innocent. Je savais que, malgré la condamnation, vous aviez conservé la conviction de cette innocence. Je la partageais aussi dans une certaine mesure; mais je croyais le malheureux Demeufve coupable de légèreté. Eh! bien, je me trompais: on ne peut pas même lui adresser ce reproche. Sa conduite, comme notaire, a été ce qu'elle devait être. Aujourd'hui qu'il ne s'agit plus que d'intérêts civils, je suis aussi convaincu de son irresponsabilité que je le suis de son innocence.

Toutefois, cher Confrère, je ne veux pas traiter à fond cette question d'irresponsabilité. Je vous connais de longue date; je sais que la défense de notre ami est en bonnes mains. Mais vous avez cru, sur certains points de cette défense, faire appel à ma vieille expérience de jurisconsulte forestier. Je vous ai déjà écrit, à ce sujet, ainsi qu'à M. Miesch, quelques lignes que je veux compléter. Vous avez communiqué ces lettres à votre client, et vous avez bien fait; il a cru devoir en faire usage dans la justification qu'il prépare, je ne l'en blâme pas; je m'en félicite d'autant plus que cette publicité anticipée abrégera le petit travail que je vous envoie sous la forme de cette épître.

Il importe, avant tout, de bien se fixer sur deux points : 1° les contenances des forêts vendues le 19 novembre 1868 ; 2° leur emplacement.

En ce qui concerne les contenances, le seul massif important est celui qui est situé au-dessus de la commune de Sost, à une altitude d'environ 770 mètres au-dessus du niveau de la mer, et qui s'élève graduellement jusqu'à 1,600 ou 1,700 mètres. M. Meslier de Rocan donne à ce massif le nom de forêt de *Barousse* qu'il n'a jamais porté. Je l'appellerai forêt de *Sost*, parcequ'elle est située sur le territoire de cette commune. Sa contenance serait, d'après l'expertise de M. Meslier de Rocan, de 1.064 h. 02 a. 10 c. (Cette contenance a été prise sur le partage de 1849 et rectifiée ultérieurement par le procès-verbal des experts chargés du cantonnement, que n'avait pas M. Meslier).

D'après la même expertise Meslier de Rocan, la contenance de la forêt de Montsec, située dans la vallée de Ferrère, serait approximativement de 60 h., ci . . . .   60 h.

Celle de Montreille (commune d'Ourde), toujours d'après le même document, serait approximativement de 7 h., ci . . . .   7 h.

Total des contenances déclarées par
M. Meslier de Rocan . . . .   1,131 h. 02 a. 10 c.

Ces contenances, malgré l'apparence d'exactitude du chiffre indiqué pour la forêt de Sost, dont les décimales sont poussées jusqu'aux centiares, sont erronées comme presque toutes les énonciations de cet incroyable rapport, émané d'un fonctionnaire supérieur dont l'intelligence et la capacité, en matière d'estimation, étaient universellement reconnues.

J'ai sous les yeux la copie du procès-verbal des experts judiciaires chargés du cantonnement. Cet acte a été déposé au greffe du tribunal de Bagnères, le 18 juin 1868. La contenance de la forêt de Sost, appartenant alors à M. Lormière, y est indiquée comme étant de 939 h. 65 a. 20 c.

Ce procès-verbal est muet sur les contenances des forêts de Montsec et de Houtreille. La raison de ce silence est que ces forêts n'étaient pas encore, au moment où les experts du cantonnement ont déposé leur rapport, la propriété de M. Lormière. Elles étaient, nominalement du moins, la propriété de l'État. En effet, elles avaient été comprises dans son lot, lors du partage, opéré le 29 novembre 1842, entre le Domaine et la famille de Luscan. Elles n'ont été remises à M. Lormière, ou plutôt à son acquéreur, que le 10 juin 1871, ainsi qu'il résulte d'un procès-verbal administratif dressé à cette date, en exécution d'un rapport d'experts auquel M. Delor, inspecteur des forêts à Bagnères, a participé comme représentant l'État en 1867.

Une explication est ici nécessaire. M. Lormière avait droit à la remise de ces deux parcelles, à cause d'une erreur de contenance commise au préjudice de la branche aînée de la famille de Luscan, aux droits de laquelle il se trouvait substitué. Cette erreur, commise dans le partage consommé en 1852, avait été reconnue en principe, et M. Lormière avait transmis à son acquéreur tous ses droits à l'indemnité qu'il devait recevoir, bien qu'il ne fût pas encore en possession des parcelles dont il s'agit, lors de la vente du 19 novembre 1868.

Je dois insister sur ce point, parce que l'opinion de M. l'inspecteur Delor, a été constamment invoquée contre votre client. Le jugement dont est appel fait notamment ressortir sa responsabilité de ce que M. Delor lui aurait dit, le 15 août 1868, que les forêts appartenant à M. Lormière valaient à peine 100,000 fr. M. Delor a persisté dans cette appréciation, lors des poursuites disciplinaires, et encore dans sa déposition devant le jury, en 1874. Cependant cet agent a émis une opinion entièrement différente, lors de l'opération dans laquelle il a représenté l'État, en 1867 et 1871. Le rapport auquel il a participé, en cette qualité, attribue aux 48 h. 36 a. 30 c. de la forêt de Montsec (et non 60 hectares comme le porte l'expertise de M. Mesher de Rocan), une valeur de 400 fr. par hectare.

Quant à la parcelle de Montreille, dont l'étendue est de 8 h. 30 a. 86 c., sa valeur serait, d'après le même rapport signé de M. Delor, d'environ 350 fr. par hectare.

Si maintenant on applique les prix trouvés par M. Delor, pour la forêt de Montreille, aux 939 h. 65 a. de la forêt de Sost, on trouve que cette forêt vaut environ 376,000 fr., chiffre très-supérieur à celui que M. Delor dit avoir indiqué à M. Demeufve, et qu'il a maintenu dans ses dépositions de 1873 et de 1874.

J'aurai à vous parler de nouveau de ces évaluations, que je me borne à vous signaler. Je reviens aux contenances sur lesquelles je vais achever de m'expliquer. Celles que je viens d'indiquer sont fournies par les experts du cantonnement pour la forêt de Sost. Elles sont empruntées au cadastre. Sont-elles exactes? Je ne voudrais pas l'affirmer. Les contenances cadastrales, surtout quand il s'agit de forêts situées en montagne, sont souvent problématiques.

J'ai souvenir qu'une triangulation exacte, opérée par M. le géomètre Thomas, a fait reconnaître, dans les massifs forestiers de la famille de Lesseux, une erreur très-considérable. Elle était, je crois, d'une centaine d'hectares, je ne me rappelle pas si c'était en plus ou en moins.

Quoi qu'il en soit, les contenances cadastrales, relevées par les experts du cantonnement, sont :

Pour la forêt de Sost, de . . . . 939 h. 65 a. 20 c.

Pour la parcelle de Montsec, d'après le
procès-verbal d'adjudication, de. 48   36   39

Pour la parcelle de Montreille, d'après le
même document, de 8   30   86

Total . . . . . 996 h. 32 a. 45 c.

Il paraît toutefois que ce relevé du cadastre n'est pas exact, et que la véritable contenance cadastrale serait de 1,011 h. 71. a. 22 cent.

Vous avez sans doute remarqué que le jugement dont est appel se fonde, pour établir la responsabilité de votre client, sur ce que, dans la première note remise par lui à Me Dagand, notaire à Nancy, il aurait indiqué les contenances des forêts d'après les énonciations du rapport de M. Meslier de Rocan, qu'il croyait exactes. Plus tard, en examinant le contrat d'acquisition de M. Lormière, il reconnut son erreur bien involontaire, et il s'empressa d'envoyer à Me Dagand une seconde note rectificative de la première. J'avoue ne pas comprendre qu'il y ait là un motif de responsabilité, alors surtout que la différence entre les contenances des deux notes n'était pas considérable. Il y a eu rectification d'une erreur empruntée à un document qu'on devait croire exact et qui ne l'était pas, bien qu'il eût été pris dans une expertise judiciaire. Voilà tout. Du reste, les prêteurs ne se sont jamais préoccupés des contenances. Tous ceux qui ont été entendus comme témoins, ont dit unanimement qu'ils se sont attachés à une seule chose : la valeur de *deux millions sept cent mille francs*, attribuée par M. Meslier de Rocan aux forêts vendues par M. Lormière. Ils n'ont pas vu autre chose, tout le reste leur était et devait leur être indifférent. Cette énorme valeur, qui allait devenir leur gage, leur inspirait toute sécurité. Que les contenances fussent plus ou moins exactes ; que leurs créances fussent plus ou moins privilégiées ; que les droits d'usage fussent plus ou moins étendus, cela leur importait fort peu.

J'arrive à l'emplacement des massifs forestiers. Il est important de le déterminer, afin de bien constater que, de tous les agents forestiers qui en ont parlé, un seul, M. Authenac, le connaissait. Tous les autres, depuis M. le conservateur d'Houdouart et M. l'inspecteur Delor, jusqu'à M. le sous-inspecteur Tiétard, n'y ont jamais mis les pieds.

Un célèbre écrivain ayant à traiter de la question sociale dans le nouveau monde, a débuté par décrire géographiquement, le pays neuf dans lequel la démocratie s'est établie. À son exemple, je vais vous donner la topographie de la Barousse, avec cartes et

preuves à l'appui. Vous y trouverez la situation des forêts vendues
en 1868, et aussi celles des autres massifs qui composaient autrefois les forêts de cette vallée, alors qu'elles étaient indivises entre
l'État et la famille de Luscan.

A cet effet, j'ai demandé à M. Barthe, arpenteur-géomètre à
Bagnères, un calque du plan général dressé par son père en 1849,
en vue du partage à effectuer entre l'État et la famille de Luscan.

Une lettre de M. Barthe, du 29 mars dernier, me promet l'en-
voi assez prochain de ce calque. Mais je crains un retard. Je crains
aussi que ce calque, probablement sur une très grande échelle, ne
soit divisé en plusieurs feuilles et sans rattachement à la carte de
l'État-major, qui n'existait pas lors de la confection de la minute
déposée au greffe du tribunal de Bagnères. Je vous l'enverrai s'il
me parvient à temps. En attendant, j'ai fait marquer par le gérant
de la propriété, sur une feuille de la carte de l'État-major, les
divisions des massifs forestiers de la Barousse. En outre, j'ai prié
M. Barthe de me renvoyer, sur un autre exemplaire, les mêmes
indications. Je viens de recevoir ces deux feuilles, et j'ai pu constater que les déterminations des emplacements concordent sur les
deux cartes, sauf quelques variantes sans intérêt et provenant de
ce que le gérant, auquel je ne demandais que des indications
approximatives, a exagéré l'étendue de tous les massifs. Du reste,
les légères erreurs du gérant sont rectifiées par la carte de l'État-
major coloriée par M. Barthe. Inutile d'ajouter que ces messieurs
ne se sont pas entendus pour m'envoyer ces indications qui se complètent les unes par les autres.

Je dis que les indications du gérant complètent celles de
M. Barthe, qui ne marque pas une petite forêt située entre Troubat
et Siradan et qui appartiendrait au lot de la branche cadette de
Luscan. En outre, M. Barthe ne connaît pas l'emplacement de la
parcelle de Montsec (environ 48 hect.), qui n'a été définitivement
attribuée à Malapert, cessionnaire des droits de Lormière, qu'en
1872. — Cela n'est, du reste, que d'un intérêt secondaire.

Vous reconnaîtrez facilement l'emplacement du massif de Sost,
portant le n° 1 dans la carte du gérant, et qui est teinté en rose
dans celle de M. Barthe. Il occupe, au sud, tout le fond de la
vallée de Sost en s'étendant un peu sur le versant de l'est. Vous
remarquerez qu'aucun chemin n'est indiqué comme pénétrant

dans ce massif ; mais il est parcouru par de nombreux ruisseaux. Il existe cependant un chemin de voitures créé par MM. Lormière et Malapert. Ce chemin continue celui qui part du village de Sost où il s'embranche sur un chemin vicinal conduisant à Mauléon et à la voie ferrée. La direction de ce chemin n'ayant été indiquée ni par le gérant ni par M. Barthe, j'en ai fait marquer le tracé sur une troisième carte, et je vais en faire reporter la direction sur les deux autres. La lettre de M. Barthe m'annonce que ce chemin sera indiqué sur les calques du plan à grande échelle qui ne m'est pas encore parvenu.

D'après les indications fournies par le gérant, le chemin dont il s'agit, qui a été établi par M. Lormière, entre dans la forêt en longeant le ruisseau de Lourse, à partir du bas du ruisseau des Ardouns. Sa longueur totale est de 4 kilom. 710 m. Il s'arrête à un point marqué sur la carte entre le bois de Bourgellas, appartenant à M. Depratz, et celui de Toucoulude, appartenant à M. Lamoureux. Ce point est celui de la concentration des bois provenant des massifs situés sur les versants environnants, il est précisément au-dessous de la jonction des ruisseaux de la Pale et des Ardouns. C'est là que se trouvent les hangars destinés au dépôt des charbons et l'écurie servant à remiser les bestiaux employés à la vidange.

Immédiatement au-dessous du massif du Sost, vous remarquerez une petite division portant le n° 2 et teintée en bleu sur la carte de M. Barthe. C'est le petit bois de Bourgellas de cent et quelques hectares, appartenant à M. Depratz, un de nos confrères. Il est avocat à Bagnères où il n'exerce plus. — Pour le dire en passant, la propriété de M. Depratz témoigne que l'exercice des droits d'usage en bois, dont on a dressé le fantôme pour établir la responsabilité de votre client, n'est pas aussi terrible qu'on a bien voulu le dire. En fait, les usagers ne tiennent qu'au pâturage et à l'usage du bois de construction. Quand aux délivrances d'affouage ils n'en demandent jamais. Aussi M. Depratz, dès qu'il a été propriétaire, en même temps que M. Lormière, en 1861, s'est-il empressé de raser presque entièrement sa forêt ; mais comme il y laisse pâturer comme on le veut, il n'a jamais été inquiété par les usagers qui seraient enchantés que son exemple fût suivi par les autres propriétaires.

Au nord de la petite forêt de M. Depratz, se trouve une partie du lot de la branche cadette de Luscan. Elle s'étend sur le versant est de la vallée de Ferrère. L'autre partie du même lot est au nord de la forêt de Sost, et s'étend sur le versant ouest de cette même vallée. Ces deux parties sont indiquées par le chiffre 3 sur la carte du gérant et par une teinte jaune sur celle de M. Barthe.

Enfin, le massif domanial, qui vient d'être cantonné en 1873, est tout entier dans la vallée de Ferrère ; il porte le n° 4 et est teinté en vert sur la carte de M. Barthe.

Autrefois, les agents forestiers, lorsqu'ils avaient à faire des opérations dans les massifs de la Barousse, pénétraient dans la vallée de ce nom par Sainte-Marie ou par Siradan, villages situés dans la vallée qui conduit de Montréjeau à Bagnères-de-Luchon. Ils suivaient nécessairement cette route, non-seulement parce qu'elle est la plus facile en venant de Bagnères-de-Bigorre, soit de Tarbes, soit de Pau; mais encore parce qu'ils rencontraient à Sainte-Marie le garde général établi dans cette commune et qui, le plus souvent, opérait avec eux. Le poste de Sainte-Marie a été supprimé depuis quelques années. Aujourd'hui cette route est suivie à plus forte raison, puisqu'il existe une gare de chemin de fer à Sainte-Marie.

Pour ne parler que de MM. les agents forestiers qui ont visité la Barousse depuis le partage, et dont les noms ont été prononcés dans les poursuites en destitution, dans le procès criminel, et dans le procès en responsabilité, il suffit de jeter les yeux sur la carte pour s'assurer qu'ils n'avaient absolument rien à faire dans la vallée de Sost. Partant de Sainte-Marie ou de Siradan, ils suivaient le chemin conduisant de ce dernier point à Mauléon, d'où ils pénétraient dans la vallée de Ferrère où se trouve le massif domanial. Par conséquent, ils ne voyaient pas même de loin la forêt de Sost appartenant aujourd'hui à M. Lamoureux. Ils ne pouvaient apercevoir que les plus mauvaises parties du lot de la branche cadette qui, étant très rapprochées des villages, sont ravagées par les délinquants. Ces parties sont celles qui avoisinent Siradan, Cazarilh, Mauléon et Ferrère.

Il est donc absolument impossible que ni M. le conservateur d'Houdouart, ni M. l'inspecteur Delor, ni M. le sous-inspecteur Tictard aient aperçu, même de loin, la forêt qui se trouve au-dessus de Sost. Seul M. Authenac l'a vue. Quoi qu'il n'eût rien à y faire depuis le partage consommé dès 1852, il a pu la connaître, puisqu'il est du pays, et que, par sa résidence au poste de garde général à Sainte-Marie, il en était très-rapproché. M. d'Houdouart le savait parfaitement; aussi est-ce à M. Authenac qu'il s'est adressé pour répondre à M. de Bouvier, lorsque ce dernier lui a demandé des renseignements sur la valeur de l'estimation faite par M. Meslier de Rocan. M. d'Houdouart s'est bien gardé de s'adresser au collègue de M. Authenac, M. Tiétard, ni même à son supérieur, M. Delor, parce qu'il savait que ni l'un ni l'autre n'avait vu la forêt de Sost.

J'ajoute que, en 1865, avant la suppression du poste de garde général à Sainte-Marie, M. Authenac fut délégué par son conservateur, M. d'Houdouart, pour faire une opération dans la forêt de Sost qui était alors la propriété de M. Lormière. Il ne s'agissait pas d'une estimation, mais bien d'une déclaration de défensabilité, au point de vue du pâturage, provoquée par la commune de Saléchan. Lors de cette opération, M. Authenac a nécessairement parcouru les 900 et quelques hectares de la forêt de Sost.

Après cette promenade dans notre vallée, moins riche assurément et moins pittoresque que son heureuse voisine, la vallée de Luchon, je passe à l'histoire des massifs forestiers de la Barousse. Elle est aussi simple que triste. Les ravages commis par les populations depuis la fin du dix-septième siècle sont *effroyables*. Le récit de ces dévastations se trouve dans un rapport fait au conseil d'administration des forêts le 7 décembre 1830. On y lit; « Depuis 1786, les communes n'ont pas cessé un seul jour de commettre des dévastations *effroyables*; et, dans des forêts qui, en 1687, fournissaient annuellement 800 mâts, quinze milliers de grandes planches sapin, et cent milliers d'autres planches, c'est à peine si l'on trouve aujourd'hui quelques esparts et autres menus bois. »

Tel était l'état des choses à la fin de 1830, alors que la propriété de ces forêts était indécise entre les communes de la vallée qui s'en prétendaient propriétaires, l'État et le comte Jean-François de

Luscan, décédé avant 1832. L'État et M. de Luscan se disaient être propriétaires par indivis de toutes ces forêts. Mais les communes en avaient été longtemps en possession, et l'on vient de voir qu'elles en avaient usé et abusé. La cause principale de la ruine avait été surtout l'abus du pacage et du pâturage par les bestiaux de toute espèce.

Enfin, en 1832, le Domaine se décida à introduire contre les communes dévastatrices une instance en revendication de la propriété domaniale. Les héritiers du comte de Luscan, partagés en deux branches, intervinrent en 1833 dans cette instance, en montrant que la propriété des forêts de la Barousse était indivise entre eux et l'État. Enfin, après de nombreux débats, la Cour de Pau rendit, le 26 février 1839, un arrêt qui maintint la propriété des forêts à l'État, et à la famille de Luscan *indivisément*. Ce même arrêt attribua aux communes les *vacants*, c'est-à-dire, les terrains vagues situés au-dessus de la végétation arborescente; de plus, il réserva les droits d'usage de la vallée.

Une circonstance heureuse avait préservé ces forêts d'une ruine complète. Une exception proposée à la loi du 20 mars 1813, qui avait attribué les propriétés communales à la Caisse d'amortissement, permettait de retarder indéfiniment l'aliénation de certaines propriétés communales. Cette exception, qui comprenait les propriétés situées en montagne, motiva un arrêté préfectoral du 28 juin 1814, par suite duquel les forêts furent soumises à une espèce de régime forestier. Les abus du pâturage continuèrent, sans aucun doute, de même que les usurpations des habitants. Cependant la dévastation fut moins effroyable que par le passé.

Pendant et peut-être à cause de ces dévastations, il se produisit un fait qui n'est pas sans exemple, dans les grands massifs forestiers. Au xviiᵉ siècle, l'essence dominante était le sapin; il disparut peu à peu pour faire place au hêtre. Cette substitution, qui doit remonter à un siècle environ, est un fait des plus heureux pour l'avenir de ces forêts dont le sol est riche, et qui convient merveilleusement au hêtre, à ce point que, contrairement au tempérament ordinaire de cette essence, il repousse de souche dans la Barousse avec la plus grande facilité.

La substitution du hêtre au sapin était presque consommée avant 1830. La régénération s'accomplissait et les massifs étaient en voie de repeuplement, surtout ceux qui, comme celui de Sost, étaient loin des populations et d'un accès difficile. On n'y comptait rien et la nature poursuivait son œuvre régénératrice dans ce massif, ainsi que dans une partie de ceux de la vallée de Ferrère. Au contraire, la dégradation continua sur ceux du centre de la vallée de Sost ou de Mauléon, ce qui est la même chose.

Je dis que cette substitution d'une essence feuillue à une essence résineuse, est fort avantageuse pour la régénération de ce massif, régénération très-possible, si l'on laisse agir la nature en l'aidant quelque peu, et surtout en appliquant les lois forestières sur le pâturage. Depuis quelques années le hêtre, débité en traverses ou employé aux usages divers que réclament les besoins des grandes villes, a une valeur très-supérieure à celle du sapin. Cette valeur n'est point stérile, car les débouchés ne manquent pas pour la forêt de Sost. De tous les grands massifs de la Barousse, c'est celui dont les produits peuvent le plus facilement atteindre la gare de Sainte-Marie, distante de Sost d'environ 16 kilomètres. Cette gare est située sur la ligne ferrée de Montréjean à Bagnères-de-Luchon. Les wagons qui y sont chargés se dirigent sur Montréjean, où existe une bifurcation conduisant d'un côté à Toulouse et même à Marseille ; puis, de l'autre, à Pau et Bordeaux. Quant aux hêtres dont les dimensions peuvent fournir des traverses, ils sont recherchés avec empressement par les Compagnies de chemins de fer qui, soit à l'aide d'une injection de sulfate de cuivre, soit à l'aide du *créosotage*, préfèrent le hêtre aux autres essences, le chêne seul excepté. Mais le chêne devient de plus en plus rare, et il faut absolument recourir aux autres essences, parmi lesquelles le hêtre se place en première ligne, à cause de son aptitude au *sulfatage* ou au *créosotage*.

Les forêts du groupe de la Barousse ne sont donc pas sans avenir, loin de là. Mais, pour en tirer parti, il faut beaucoup de patience et beaucoup d'argent. Les spéculateurs qui ont voulu précipiter les exploitations, sans y mettre le temps et l'argent nécessaires, s'y sont ruinés, sauf le sieur Lormière, dont vous connaissez toute la conduite dans cette affaire et qui a su tirer son épingle du jeu, payer ses dettes et encaisser environ 125 000 fr. Quant à lui, je le considère comme parfaitement responsable vis à vis des créanciers, j'allais dire le seul responsable. Relativement à leur créance contre Malapert je crois fort qu'elle ne vaut rien ; celle qui leur sera confirmée par l'arrêt de la Cour contre Lormière vaut-elle mieux ? Je l'ignore.

Oui, les spéculateurs autres que Lormière s'y sont ruinés. Les Heuqueville, les Pascalet et les Robert, tous acquéreurs partiels du lot de la branche cadette de Luscan, sont tombés en faillite. Malapert, vous le savez, est en faillite. D'une part, il avait acheté trop cher (on le sait maintenant) et, d'autre part, il vivait d'expédients, et les ressources lui ont manqué. Sa chute était fatale. Pour réussir il fallait, je ne saurais trop le répéter, beaucoup d'intelligence, beaucoup de temps et beaucoup d'argent. Ces trois conditions ont manqué à Malapert comme aux autres spéculateurs. Tous ont sombré.

Les pauvres et honorables membres de la famille de Luscan, s'y sont eux-mêmes ruinés. Je parle de ceux de la branche aînée, dans le lot desquels est tombée la forêt de Sost. Non pas qu'ils aient exploité ou spéculé. Mais leur auteur a été en procès, soit avec l'Etat, soit avec les communes, de 1832 à 1850. Il n'était pas riche ; il avait dû emprunter. Il avait de nombreux procès et sept enfants. Le partage des forêts, opéré en 1852, ne le mit en possession que beaucoup plus tard et quand, après sa mort, ses sept enfants furent déclarés propriétaires par le sous-partage, définitivement opéré en 1855. ils trouvèrent à boire dans un verre vide. La forêt était grevée d'hypothèques pour des sommes considérables, et leurs propriétaires ne pouvaient ni faire les avances d'une exploitation, ni trouver un seul adjudicataire à moins d'établir une scierie, ni même payer les intérêts des sommes empruntées. Les pauvres héritiers furent expropriés. Ce fut alors que M. Lormière en devint propriétaire le 18 juillet 1861. (Jugement d'expropriation du tribunal de Bagnères.)

La branche cadette de Luscan, moins nombreuse, fut moins malheureuse. La branche aînée n'avait pu faire que des exploitations insignifiantes et désastreuses, faute de chemins. Elle y renonça. La branche cadette exploita au contraire plus largement. mais par les procédés les plus défectueux. Y eut-elle un avantage ? Je ne sais, car je n'ai pas compté avec les représentants de la branche cadette de Luscan. Mais ce que je sais. c'est que ses acquéreurs n'ont pas réussi.

Telle est l'histoire abrégée des forêts de la Barousse, avant la vente et l'acquisition du massif de Sost, par M. Lormière, en 1861. Vous savez le reste.

Un mot encore cependant. En achetant cette forêt, M. Lormière, marchand de bois à Toulouse, n'ignorait pas que les produits en étaient invendables sur pied. Les Luscan de la branche aînée n'avaient pas trouvé d'adjudicataire, faute d'une scierie indispensable pour le débit des produits. D'ailleurs, à cette époque, on connaissait à peine les procédés de sulfatage pour les traverses ; du moins ils n'étaient pas généralisés. Puis le chemin de fer n'existait pas. En 1861, au contraire, le hêtre était très-recherché pour les traverses ; le chemin de fer existait jusqu'à Montréjeau. Il devait, plus tard réunir Bordeaux à Toulouse et à Marseille, avec embranchement sur Luchon et une gare à Sainte-Marie, à l'entrée centrale de la Barousse. Ces créations offraient des débouchés importants pour les produits ligneux de toute espèce. M. Lormière s'associa avec ses beaux-frères MM. Jouet et Maigrot. L'usine de la Chr... fut créée ; on fit quelques chemins. Plus de cent mille fra... furent ainsi dépensées ; mais il aurait fallu dépenser plus encore.

Après ce préambule, un peu long mais nécessaire, j'aborde les différentes questions que vous m'avez adressées, en les groupant autour de trois points principaux. Je les reproduits ainsi qu'il suit :

1° Quelle est la valeur du rapport de M. Meslier de Rocan ? Comment expliquer les erreurs dont il est entaché ?

2° Quelle est la valeur vraie de la forêt vendue en 1868 par Lormière à Malapert ?

3° Quelle est la portion de cette forêt que le cantonnement devra retirer à son propriétaire actuel, pour l'attribuer aux usagers en échange de leurs droits d'usages en bois.

La première de ces questions trouve sa réponse dans une lettre adressée à M. Miesch, qui, il y a quelque temps, m'avait précisément demandé mon avis sur ce point.

Cette lettre a été communiquée à votre client qui m'a exprimé le désir de la publier. Bien que ne méritant pas les honneurs de l'impression, à raison notamment de son caractère intime et quasi-confidentiel, je n'ai pas voulu refuser à M. Demeufve cette satisfaction.

Ainsi que vous le verrez, je me suis permis, sur un des personnages qui figure dans cette affaire, des plaisanteries d'un goût douteux et que je ne voudrais pas reproduire ici. Quoi qu'il en soit de la forme de cette lettre à M. Miesch, je n'ai rien à rétracter quant au fond, et je maintiens les appréciations que je vous ai envoyées. Au point de vue forestier, le rapport de M. Meslier est un tissu d'erreurs d'un bout à l'autre : mais ces erreurs ne sont pas perceptibles sur le papier. Les plus habiles, les plus fins s'y seraient trompés ; et la preuve, c'est que M. Génin et M. de Klopstein, deux grandes autorités en matière forestière, l'ont cru vrai et excellent de tout point.

Ce seul fait m'a toujours paru dominer toute l'affaire. Je ne m'en suis jamais caché. Vers la fin de 1871, ou peut-être en 1872, mais certainement bien avant les poursuites disciplinaires, M. l'intendant Aoust vint me trouver et, après les compliments dont il n'était pas avare, il me proposa de consulter pour les créanciers de Malapert et de m'envoyer un dossier. Je refusai pour deux raisons : la première était que je ne voulais pas consulter contre M. Demeufve, bien qu'il ne m'eût pas alors dit un seul mot de son affaire ; la seconde était celle que je viens de vous dire. Je ne dissimulai pas d'ailleurs à M. Aoust, qu'en présence de ce fait, connu de tous, que MM. Génin et de Klopstein avaient trouvé excellent le rapport de M. Meslier de Rocan, un simple notaire, étranger aux questions forestières, devait avoir eu dans cette pièce une confiance absolue. A mes yeux, cette seule considération écartait toute responsabilité de la part du notaire. M. Aoust n'insista pas, et je n'entendis plus parler de cette malheureuse affaire que par les journaux judiciaires. Je n'ai eu à m'en occuper qu'en 1875, lorsque M. Lamoureux me pria de le diriger dans ses affaires de la Barousse.

Pour en revenir au travail de M. Meslier de Rocan, j'avoue que si j'avais encore l'honneur d'appartenir au barreau de Nancy, et si j'étais chargé de le défendre, je plaiderais en d'autres termes, les moyens indiqués par ma lettre, quoi qu'en pût dire mon client.

Selon moi, en effet, et en présence des énormes *aberrations* dont cette expertise est entachée, il n'y a que deux hypothèses possibles : ou M. Meslier de Rocan a perdu la raison, dans cette circonstance; ou il a été le complice des Lormière et des Malapert. Or, comme tout le passé de cet homme honorable entre tous, de cet excellent forestier, de cet estimateur modèle proteste contre cette seconde supposition, il ne reste donc que la première, qui est nécessairement la vraie.

Qu'importe au surplus la cause des erreurs dont fourmille ce fatal rapport? Comme je l'ai dit, le papier souffre tout; on ne pouvait apercevoir ces erreurs; on ne pouvait pas même s'en douter. Pour cela il eût fallu faire une contre-expertise, ce qui n'est venu à la pensée de personne. Tout le monde a été trompé et tout le monde devait l'être.

Restent vos deux autres questions: la valeur des forêts; le résultat du cantonnement.

Sur ces deux points, comme je n'ai pas le don de seconde vue ni celui de prophétie, je ne puis vous donner aucune certitude. Je dois me borner à de simples appréciations. Seulement, j'aurai soin de les motiver; et j'ai la témérité de croire qu'elles sont préférables à celles qui ont été données par d'autres personnes avec une apparence d'autorité. Cette autorité, je me permets de la contester formellement.

Ici j'ai le regret de me trouver en dissentiment, profond, complet avec des hommes que je connais de longue date, qui ont été mes élèves, et dont j'ai conservé le meilleur souvenir. J'aimais beaucoup aussi le jeune et regretté M. Bazin, dont la famille a été justement estimée à Nancy. Quant à M. l'inspecteur Delor, j'ai été l'année dernière en correspondance avec lui. Il y a peu de jours encore il me faisait dire, à deux reprises, qu'il était entièrement à ma disposition pour me fournir les renseignements dont j'aurais besoin au point de vue du cantonnement des forêts, toujours pendant devant le tribunal de Bagnères. Les communes usagères n'en pressent nullement la conclusion, quoique le jugement qui l'a prescrit, à l'égard de tous les intéressés, soit du 14 février 1859.

M. Lamoureux n'est pas encore intervenu dans l'instance. Il y
interviendra certainement à son jour, à son heure, cela ne fait rien
à l'affaire actuelle. Si les autres parties prennent les devants, je
suis prêt à les suivre sur ce terrain. Peut-être aurai-je alors à
recourir à la bonne volonté de M. Delor. Mais, sur l'ensemble de
l'affaire, j'ai la prétention d'en savoir plus long que lui. M. le
Directeur général des forêts a bien voulu me communiquer tous
les dossiers de cette immense affaire, heureusement echappés à
l'incendie du ministère des finances. Je sais tout ce qu'a fait l'administration forestière à la Barousse, à Bagnères, à Pau et à Paris, depuis 1830 jusqu'à la fin de 1873. Quelques pièces me manquent encore que j'ai fait réclamer à M. le Préfet des Hautes-Pyrénées. Tout
ce que j'ai trouvé sera communiqué aux conseils des communes
qui, je n'en doute pas, obtiendront aussi la communication des dossiers administratifs. Je ne vois pas trop ce que M. Delor pourrait
m'offrir de plus, puisque des copies de tous ses travaux personnels
sont à l'administration centrale. Je ne l'en remercie pas moins
de sa bonne volonté que je mettrai à contribution le cas échéant.

Je sais que les différentes dépositions de M. Delor ont été dis-
cutées par votre client, sous une forme très-vive. Je le sais et je
le regrette, M. Demeufve regrettra sans doute un jour sa vivacité ;
mais son excuse n'est-elle pas dans sa malheureuse position ?

Sans m'associer à la vivacité des expressions dont M. Demeufve
a pu se servir, et laisssant de côté la forme, je ne puis m'empêcher
de reconnaitre qu'il a raison au fond, et que ses conclusions, tant
au point de vue de l'estimation des forêts, qu'au point de vue du
cantonnement, sont parfaitement fondées.

Ceci dit, je vais m'expliquer séparément sur les deux points qui
restent à traiter.

I

Valeur des forêts.

Je laisse à peu près de côté le procès criminel, pour ne m'occu-
cuper que de ce qui a été dit sur la valeur des forêts, soit lors des
poursuites disciplinaires, soit à l'occasion du procès civil et notamment dans le jugement frappé d'appel.

Une première considération s'impose à tous, comme à moi-même, au début de l'étude que je dois faire de cette question.

Quatre agents forestiers ont parlé de la forêt de Sost acquise en 1861 par M. Lormière et dont il cherchait à se défaire en 1868. Ces agents sont :

M. Delor, inspecteur des forêts à Bagnères ;

M. Trétard, sous-inspecteur à la même résidence ;

M. Bazin, sous-inspecteur à Foix ;

M. Authenac, garde général des forêts à Sainte-Marie, village situé à l'une des entrées de la vallée de Barousse.

Je l'ai déjà dit, mais je ne saurais trop le répéter, les trois premiers agents que je viens de nommer n'ont jamais vu la forêt de Sost, même de loin. Ils n'ont jamais eu aucune opération à y faire, car elle est distraite du régime forestier depuis 1854, époque à laquelle ils commençaient à peine leur service forestier dans les Pyrénées.

M. Authenac est le seul agent qui ait vu la forêt de Sost, très voisine de sa résidence (8 à 10 kilomètres environ). M. Authenac, âgé de soixante-dix ans, est un homme du pays qu'il n'a jamais quitté. Il est parvenu à s'élever de l'humble grade de brigadier forestier à celui de garde général. La correspondance échangée entre M. Delor et moi le signale comme un homme encore vert, très intelligent et très actif, malgré son grand âge. Aussi n'ai-je pas hésité à le faire choisir comme régisseur des forêts de M. le comte de Galard dans les Pyrénées. Il est installé dans ces fonctions depuis le mois de janvier de cette année. Je n'ai jamais vu M. Authenac, mais je sais que l'opinion très favorable de M. Delor, sur son compte, est partagée par son ancien conservateur, M. d'Houdouart.

M. Authenac a été entendu comme témoin dans le procès criminel. Voici sa déposition que j'emprunte au *Droit* du 20 novembre 1874 :

J'ai été consulté, en 1868, par M. d'Houdouart, mon ancien conservateur des forêts à Pau, sur la valeur de la forêt de Sost. J'ai répondu que la forêt ne pouvait valoir que 300,000 francs, et que les droits d'usage et la construction de scieries et de routes, réduiraient même cette valeur de moitié.

Ainsi M. Authenac estime la forêt, non pas 100,000 francs, comme M. Delor, mais 300,000 francs. Il est vrai qu'il ajoute que les droits d'usage, ainsi que la construction de scieries et de routes, réduiront cette valeur de moitié. Il n'estime donc pas, comme l'a fait M. Delor, la valeur des droits d'usage à la moitié, puisqu'il fait entrer dans sa défalcation la création de routes et de scieries, qui doivent compter pour un quart, au moins ; sur ce point je suis à peu près d'accord avec M. Authenac.

Sans doute si M. Demeufve, après les mauvais renseignements recueillis à Bagnères sur la valeur de la forêt, avait persisté à réaliser l'emprunt, il serait responsable envers les créanciers. Mais, d'une part, il ne pouvait se persuader que des renseignements fournis par des personnes qui n'avait jamais pénétré dans la forêt de Sost, pouvaient avoir une valeur quelconque. D'autre part, votre client avait reçu de Malapert le mandat écrit, de faire expertiser les forêts de M. Lormière. Il fallait donc nécessairement que cette expertise eût lieu, ce qui n'avait aucun inconvénient, puisque les conclusions de cette opération ne pouvaient lier M. Demeufve. Si l'expertise confirmait, même de très loin, les renseignements de Bagnères, tout était dit ; si, au contraire, ces renseignements, uniquement fondés sur une commune renommée, souvent trompeuse, étaient inexacts, on le verrait bien.

C'est dans cet ordre d'idées que M. Demeufve écrivit à M. Meslier de Rocan, la lettre suivante qui figure à son copie de lettres (fol. 193).

28 août 1868.

Monsieur,

Ayant sous les yeux, alors que j'ai été chargé de la vente des immeubles de M. le marquis de Lambertye, dont vous administrez aujourd'hui, je crois, les forêts, l'importante expertise qui vous a été confiée en vue du partage de la succession de M. le marquis et de madame la marquise de Gerbéviller, je viens vous demander si vous vous chargeriez d'un travail de cette nature, s'appliquant à un domaine purement forestier situé dans les Pyrénées. *Il pourrait se faire qu'un jour ou l'autre, il me soit indispensable d'être fixé sur la valeur de ce domaine,* et je serais heureux de pouvoir compter sur vos lumières.

J'extrais ce détail de la correspondance de M. Demeufve, qui m'a été communiquée, pour bien établir que si, en envoyant M. Meslier de Rocan sur les lieux, il exécutait le mandat de Malapert, il se réservait, l'expertise une fois faite, de redevenir l'homme des futurs prêteurs et de rompre toute négociation dans le cas où le gage serait reconnu insuffisant par l'expert. Sa lettre témoigne de sa plus entière bonne foi, et elle indique bien qu'il n'existait, entre Malapert et lui, aucun concert frauduleux, concert d'ailleurs impossible puisque, dans tous les cas, la probité de M. Meslier de Rocan l'eût fait échouer, à supposer qu'il ait pu exister.

Il faut reconnaître au surplus que M. Malapert qui, depuis environ deux années, participait à l'exploitation de cette forêt qu'il considérait comme étant sa propriété, était convaincu que sa valeur était considérable, et qu'il ne redoutait aucune investigation. Seulement il fut étrangement surpris en apprenant que les estimations de l'expert dépassaient de beaucoup les siennes.

Maintenant, cher confrère, je vous le demande, comme je le demanderais à tout homme sensé, que devait faire le notaire Demeufve, après avoir reçu ce fameux rapport portant la valeur *nette* de la forêt à **2,776,192** fr.? Ces 192 francs ne paraissent-ils pas témoigner de la scrupuleuse exactitude de l'estimation? Qui donc pouvait en douter? Le talent de l'expert, sa réputation bien établie ne le permettait pas. Dès lors, M. Demeufve pouvait-il hésiter un seul instant, et ne devait-il pas reléguer au rang des fables les appréciations des agents de Bagnères qui ne connaissaient pas la forêt? Comment pouvait-il mettre en balance ces appréciations, uniquement fondées sur la renommée, avec le travail consciencieux du savant forestier, qui avait passé de quinze à dix-huit jours à opérer dans la forêt, et en avait employé sept autres, à rédiger chez lui, à Lunéville, ce fameux rapport.

Il est si vrai, qu'on ne pouvait, qu'on ne devait tenir aucun compte des renseignements recueillis à Bagnères, que Madame la baronne de Metz n'aurait certainement pas voulu en entendre parler, puisqu'elle a refusé de croire M. le conservateur d'Houdouart qui lui répétait ce qu'il avait dit à M. de Bouvier; à savoir que M. Meslier de Rocan s'était certainement trompé. J'ai plusieurs fois causé de cette affaire avec mon excellent ami M. d'Houdouart, aujourd'hui mon voisin, et, dans ces conversations, j'ai reconnu combien les souvenirs des hommes peuvent s'égarer de la meilleure foi du monde. Ainsi M. d'Houdouart croyait que ses conversations avec M. de Bouvier et madame de Metz, dataient du printemps de 1869. En cela M. d'Houdouart se trompait, car M. de Bouvier et M. Authenac s'accordent à dire que les visites du premier et la correspondance du second remontent à la fin de 1868. Ceci ne montre-t-il pas que l'homme le plus honorable peut se tromper de la meilleure foi du monde ?

En voulez-vous un autre exemple ? M. d'Houdouart a dit à M. Bouvier et il m'a dit et répété à moi-même, qu'il connaissait la forêt vendue par Lormière à Malapert. Il ajoutait qu'il l'avait traversée deux ou trois fois en se rendant dans la vallée de Ferrère, où se trouve situé le massif domanial qu'il était appelé à visiter dans ses tournées de conservateur. M. d'Houdouart l'a dit non-seulement à M. de Bouvier et à moi, mais à d'autres personnes, sans doute, puisque je crois avoir lu quelque part que, suivant vos adversaires, il y aurait été non pas deux ou trois fois au plus, mais environ vingt fois. Eh bien ! M. d'Houdouart croyait, de la meilleure foi du monde, avoir traversé la forêt Lormière ; je le croyais comme lui, et je ne pouvais en douter puisqu'il le disait. Si j'avais été appelé à déposer en justice, comme M. de Bouvier, j'aurais, à son exemple, certifié le fait. Cependant M. d'Houdouart, M. Bouvier et moi nous aurions involontairement égaré la justice. C'est ce que j'ai reconnu en examinant la carte de l'État-major. Sans doute, en se rendant à Sainte-Marie, à Mauléon et de là dans la vallée de Ferrère, M. d'Houdouart a longé les forêts autrefois indivises entre l'État et la famille de Luscan ; mais ces forêts, très-dégradées, parce qu'elles sont voisines des centres de populations, sont celles de la branche cadette de Luscan dont M. Lormière, acquéreur du lot de la branche aînée, n'a jamais possédé la moindre parcelle. En suivant la route de Sainte-Marie à Mauléon, M. d'Houdouart a pu voir, assis dans sa voiture, des forêts dans le plus mauvais état ; il a pu en voir de semblables au-dessus de Mauléon et à l'entrée de la vallée de Ferrère ; il a pu et dû en concevoir la plus triste idée, puisque ces forêts sont d'une contenance double, environ, de celle du lot de la branche aînée et que, par conséquent, elles sont beaucoup moins peuplées ; les deux lots, très-inégaux en contenance, étant égaux en valeur. M. d'Houdouart croyait donc fermement avoir vu la forêt de Sost, appartenant à Lormière, tandis qu'il était impossible qu'il l'eut aperçue, même de loin. Voyez la carte envoyée par M. Barthe. Les forêts de la branche cadette sont teintées en jaune, celles de la branche aînée, acquises par M. Lorimère, sont teintées en rose.

Vous voyez une fois de plus, cher confrère, quelle est la fragilité des témoignages humains. J'en ai été tellement frappé que je me suis empressé de transmettre ces rectifications à M. Lamoureux, qui dû les faire communiquer par M. Miesch à son gendre, pour en faire usage dans le travail qu'il se propose de soumettre à la Cour.

Si la Cour ne se trouvait pas suffisamment éclairée à cet égard, et sur d'autres points encore, ne pourriez-vous pas conclure à une enquête ? Je ne vous donne aucun conseil sur ce point ; c'est à vous d'apprécier et d'aviser.

Je me suis laissé entraîner en dehors de mon sujet et je vous ai parlé de choses que vous savez sans doute mieux que moi. Ce que je viens d'écrire est peut-être une redite et un double emploi, mais ce sont de ces choses qu'on doit dire plutôt deux et trois fois qu'une seule. Je reviens à mes appréciations sur la valeur de l. forêt de Sost.

Comme je vous l'ai dit, ces appréciations sont très-difficiles à faire, et vous ne pouvez pas compter sur une exactitude parfaite. Je n'ai pas plus vu cette forêt que ne l'ont vue MM. d'Houdouart, Delor et Tiétard. Quand même je l'aurais vue, je n'ai pas la prétention d'être assez forestier pour que mon appréciation *de visu* ait une valeur. D'ailleurs, quand je vois des hommes du métier se tromper si souvent, je deviens d'un scepticisme complet en matière d'estimation de forêt et de détermination de leur valeur vénale, *lorsqu'il s'agit de vastes massifs situés en montagne et dont le peuplement est très-irrégulier.*

A part l'estimation Meslier de Rocan, qui est le parangon de l'erreur, les exemples des évaluations erronnées sont nombreux. Je vais vous en citer quelques-uns qui sont à ma connaissance personnelle.

M. le duc d'Uzès a cantonné les usagers de la forêt de Bareilles voisine de celle de Sost. La partie qui lui a été attribuée en cantonnement, a été estimée par des experts judiciaires environ 1,800,000 fr. Cette forêt, indivise entre plusieurs cohéritiers, a été acquise sur licitation, par M. le duc d'Uzès, moyennant 550,000 fr. Après sa mort, elle est échue à sa fille, madame la comtesse de Galard et elle a été comprise dans le partage accepté par tous les héritiers pour 285,620 fr. J'ai la certitude que, depuis le cantonnement, la possibilité n'a jamais été dépassée, c'est-à-dire qu'on n'a coupé que ce qu'on devait couper.

Voilà un exemple de ce qu'on peut appeler, si l'on veut, une erreur en plus. Je constate le fait, je ne le juge pas.

Voulez-vous maintenant un exemple d'une erreur en moins dans un partage, le voici :

Vers 1845, les princesses de Rohan firent procéder entre elles au partage de la forêt de Guirbaden en Alsace. Le tirage au sort attribua le lot situé sur la commune de Mollkirch à la princesse Charlotte ; l'autre lot, situé sur la commune de Mülbach, devint la propriété de la princesse Clémentine, marquise de Querrieu. La princesse Charlotte vendit son lot à des spéculateurs de Nancy, moyennant 630,000 fr. Ils exploitèrent en rasant à peu près à blanc étoc. Après huit années de procès, car il y avait des droits d'usage, la liquidation de cette société de spéculateurs les fit rentrer dans leurs fonds avec un léger bénéfice. Ils avaient fait un placement pour huit ans à 3 pour 100 environ de revenu annuel. Triste spéculation, comme vous le voyez.

Madame la marquise de Querrieu ne vendit pas son lot, qui fut recueilli dans sa succession par son fils unique. Il était grevé de droits d'usages semblables à ceux qui grevaient le lot de la princesse Charlotte. Après le cantonnement, M. le marquis de Querrieu fit faire une estimation (très-exacte celle-là) qui portait la valeur de son lot à 1,800,000 fr. Mais M. de Querrieu fut averti que sa forêt n'avait cette valeur que pour des marchands de bois du pays, qui seuls sauraient en tirer un parti avantageux. C'était vrai. Il se décida d'autant plus volontiers à recevoir le prix de 1,250,000 fr. qui lui était offert par MM. Coulaux, de Strasbourg et Ganière, de Wiesch, que le rendement annuel de cette forêt, qui avait une mauvaise réputation, ne pouvait excéder, tous frais déduits, quinze à dix-huit mille francs. Après la vente, MM. Coulaux et Ganière retirèrent de la superficie seule les 1,800,000 fr. annoncés par l'estimation. Comme vous le voyez, le lot de la marquise de Querrieu a produit 1,800,000 fr., tandis que celui de sa sœur n'a produit que 630,000 fr.

Si vous consentiez à me suivre en Belgique, je pourrais vous raconter l'histoire de la forêt de Chiny, indivise entre le baron Blanckart et la Banque belge du commerce et de l'industrie, dont cette acquisition a précipité la liquidation. Je pourrais vous citer d'autres exemples encore, mais il faut se borner.

Est-ce à dire que les estimations forestières soient toujours erronnées? Dieu me garde de le penser et surtout de l'écrire. Ce serait faire peser sur une administration à laquelle j'ai eu l'honneur d'appartenir, une accusation absurde et imméritée. Je proclame au contraire bien haut que les estimations faites par les agents, pour les ventes annuelles des coupes, dans les bois soumis au régime forestier, sont généralement très-exactes. Mais cette exactitude est moins commune quand il s'agit de massifs d'une grande étendue situés en montagne. — La raison en est simple. Toutes les coupes assises dans les bois soumis au régime d'administration publique, comme celles qui sont assises dans les bois des particuliers, sont généralement d'une faible contenance. Elles comprennent de deux à dix hectares environ. Les estimations sont faites par des agents très-intelligents, accompagnés de gardes qui parcourent chaque jour leur triage, qui connaissent à l'avance le cube et le prix de chaque arbre. Leurs appréciations sont contrôlées par des mesurages faits au compas forestier et quelquefois au dendromètre. Il s'agit d'ailleurs généralement de forêts régulières dont plusieurs sont aménagées; les opérations portent sur des contenances relativement peu considérables; dès lors, les estimations faites dans ces conditions sont excellentes, et les cas d'erreurs sont extrêmement rares.

Dans les grands massifs situés en montagne, surtout dans les massifs très-irréguliers comme le sont tous ceux des Pyrénées, il en est tout autrement. La détermination exacte de la possibilité y est extrêmement difficile, pour ne pas dire impossible. Notre regretté directeur de l'école forestière, M. Parade, le dit formellement dans son livre devenu classique. L'estimation est également problématique, lorsqu'on procède par places ou carrés d'essai, comme l'a fait M. Meslier de Rocan. Seulement, je dois avouer que jamais je n'avais rencontré un seul exemple d'estimation dans laquelle les erreurs fussent aussi considérables que dans la sienne.

Il n'y a, pour la futaie, qu'un seul procédé capable de donner une certitude relativement aux volumes : c'est le comptage arbre

par arbre, avec un cubage au compas et au dendromètre, quand il
y a lieu. C'est ce qui n'a jamais été fait pour la forêt de Sost. Il y
a bien eu un comptage fait par M. Micard, pour éclairer M. Lamoureux. A supposer que ce comptage soit exact, quant au nombre
des arbres, il est difficile d'admettre qu'il le soit quant à leur
volume, puisque M. Micard n'a employé ni le compas, ni le dendromètre, ce qui lui eût demandé un temps considérable.

Je dis que le comptage seul peut donner une certitude ; encore
faut-il qu'il soit exact. Comment, direz-vous, est-il possible qu'il
en soit autrement? Oui, sans doute, le comptage doit être exact,
quand les carnets sont bien tenus et qu'ils concordent. Mais ces
carnets sont quelquefois, très-rarement sans doute, entachés
d'inexactitudes. Voici un cas dans lequel l'inexactitude a été vo-
lontaire, non par le fait des estimateurs, mais par celui des ouvriers
employés par eux. Il peut y en avoir d'autres où il s'agit de simple
erreurs.

Le cas dont je veux vous parler s'est présenté dans le cantonnement de Mülbach, opéré sur la demande de M. le marquis de
Querrieu. Les experts, après avoir fixé l'étendue des droits d'usage
et leur valeur en argent, avaient à déterminer sur le terrain un
canton équivalent, en fonds et superficie, à cette valeur argent.
Pour cela ils employaient le bon procédé que je viens d'indiquer,
c'est-à-dire le comptage et le *mesurage* arbre par arbre. L'opération devait donc être excellente, et je n'avais aucun motif pour la
critiquer, lorsque j'ai plaidé sur le cantonnement. Mes critiques de
l'expertise portaient sur d'autres points, à l'égard desquels j'ai
obtenu satisfaction. Par conséquent, j'ai dû admettre que la portion
de forêt abandonnée par le propriétaire à la commune usagère, en
paiement de son droit, contenait 13,476 sapins. Ce fut aussi ce
qu'admit le tribunal de Schelestadt, par son jugement du 3 novembre 1858 qui homologua, *in parte quâ,* le procès-verbal
d'expertise.

Tout était consommé, et la commune était en possession de son
lot, lorsque M. le marquis de Querrieu voulant vendre sa forêt
libérée, en fit faire l'estimation. Bien que l'estimateur n'eût pas à
s'occuper de la partie devenue propriété communale, il fut frappé
de la richesse de cette partie, comparativement à celle qui était
indiquée par les experts du cantonnement. L'idée d'une erreur

surgit dans son esprit, et il se mit à compter lui-même les arbres de la forêt communale. Ce comptage fait, il trouva qu'il y avait 21,188 sapins, presque tous superbes, au lieu de 13,476 indiqués dans le procès-verbal d'expertise homologué. — Différence 7,712 arbres.

Consulté par mon client sur la question de savoir s'il y avait moyen de revenir sur cette erreur, je n'hésitai pas à en demander la rectification au tribunal de Schelestadt.

La demande de mon client fut accueillie par un jugement fortement motivé du 14 août 1861; une expertise fut ordonnée à l'effet de vérifier si l'erreur alléguée existait effectivement. Ce jugement a été imprimé au t. 1er du *Répertoire de législation et de jurisprudence forestière*, p. 147. — Ce recueil continue le *Bulletin des Annales forestières*, dont la publication a cessé.

J'ajoute que l'expertise confirma ce qui avait été avancé par mon client. L'erreur fut reconnue et réparée.

Quelle avait pu être la cause de cette erreur? Je l'ai connue depuis et je vais vous l'indiquer. Les experts avaient choisi leurs ouvriers parmi les habitants de la commune dont les droits d'usage étaient cantonnés. Ces ouvriers, chargés de parcourir les virées et d'appeler les arbres, avaient parfaitement compris qu'il y avait tout avantage, pour la commune, à ce qu'il y eut plus d'arbres sur le terrain, qu'il n'y en aurait de marqués sur les carnets des experts; en conséquence, sur trois arbres, ils n'en appelaient que deux, lesquels étaient seuls inscrits. C'est ce qui explique comment les les carnets et le procès-verbal d'expertise, qui en était le relevé, portaient seulement 13,476 sapins, tandis que, en réalité, il y en avait 21,188 sur le terrain. C'était une sorte de faux intellectuel commis par les ouvriers dans l'intérêt de la commune, et dont les experts n'avaient pas conscience.

Je pourrais multiplier ces exemples en les prenant même dans le partage des forêts de la Barousse, reconnu inexact non-seulement entre l'État et les héritiers de Luscan, mais encore entre ces héritiers eux-mêmes. Ces inexactitudes portant sur des sommes de 12,000 à 22,000, ont été rectifiées soit par des actes administratifs, soit par des arrêts. Après tout cela, comment voulez-vous que ma confiance dans les expertises et les estimations des massifs situés en montagne, ne soit devenue très-limitée, et n'ai-je pas eu raison de vous déclarer, ainsi que je l'ai écrit à M. Miesch et à M. Lamoureux, que j'étais devenu très-sceptique en cette matière ? Vous conviendrez aussi que l'affaire actuelle n'est pas faite pour me rendre croyant. Comme tout le monde, et malgré ma défiance, j'aurais été pris au rapport de M. Meslier de Rocan.

Comment donc voulez-vous que moi qui n'ai pas l'honneur d'être forestier, je puisse du fond de mon cabinet vous renseigner sur la valeur réelle de la forêt de Sost ? Pour moi, comme pour tout le monde, c'est l'inconnu, et je ne puis vous envoyer que des présomptions.

Il y a cependant un point sur lequel je suis parfaitement fixé. C'est qu'il existe un matériel important dans la forêt de Sost. En effet, j'ai sous les yeux le carnet de comptage de M. Micard, que je vais vous envoyer et duquel il résulte qu'il y a 144,114 pieds de hêtre, depuis 0^m,50 jusqu'à 2^m,50 de circonférence et 3,428 sapins, également depuis 0^m,50 jusqu'à 2^m,50.

M. Micard estime ce matériel à 346,815 fr. Permettez-moi de ne pas m'expliquer sur ce chiffre, par l'excellente raison que je ne suis pas fixé sur son exactitude. D'ailleurs, dans l'intérêt de M. Lamoureux, je ne veux pas que, lors du cantonnement, on vienne m'opposer un chiffre que j'aurais accepté ici. Je veux donc conserver toute ma liberté d'appréciation et de critique, avec d'autant plus de raison que cette affaire de cantonnement ne me paraît pas suffisamment instruite. Toutefois, je suis disposé à croire que si M. Meslier de Rocan a estimé beaucoup trop haut, M. Micard pourrait bien avoir estimé trop bas. Dès lors je dirai avec notre éminent confrère Me Allou : « la vérité serait entre les deux estimations. » J'ajoute qu'elle me paraît être plus près de celle de M. Micard que de celle de M. Meslier.

Pour en revenir à l'estimation de M. Micard, vous remarquerez qu'elle comprend seulement les arbres sur pied et qu'il faut y ajouter la valeur du sol. Les experts du cantonnement de Bareilles, vallée qui touche à celle de la Barousse, ont donné au sol une valeur *minima* de 200 fr. par hectare et une valeur *maxima* beaucoup plus considérable. Je serais assez disposé à accepter le chiffre de 200 fr. par hectare. Quant à celui de 40 ou 50 fr. qui a été indiqué par les experts du cantonnement, je le conteste absolument et je défie qu'on trouve un seul exemple d'un cantonnement judiciaire dans lequel ce chiffre aurait été accepté.

Quant à la valeur du matériel sur pied, c'est là surtout que se trouve l'inconnu et ce sur quoi je refuse de m'engager. J'ai souvent correspondu sur ce point avec MM. Lamoureux et Miesch et je vais bien vous étonner, lorsque je vous dirai en résumant cette correspondance que, *pour les usagers*, la forêt de Sost ne vaut peut-être pas beaucoup plus que le prix auquel elle a été adjugée en dernier lieu.

Ce qui me fait pressentir qu'il en est ainsi, c'est que jamais les usagers n'ont pu ni dans cette forêt, ni dans les massifs de Ferrère, exploiter les délivrances d'affouage qui leur ont été faites par l'Administration et dont une seule était de 80,000 stères. Pourquoi ? C'est que la vidange était à peu près impossible, et que les frais joints à ceux de l'exploitation étaient égaux ou supérieurs à la valeur du bois. Il en sera toujours ainsi tant que les moyens de transport feront défaut. Par conséquent, alors même que le cantonnement de Sost serait assis dans le voisinage du chemin exécuté sur une longueur de 4 kilom. 740 m. par le propriétaire, les communes cantonnées n'en seraient pas plus avancées, car elles ne peuvent pas se servir de ce chemin. La preuve en est dans l'arrêt rendu le mois dernier contre le maire de Sost et de son fils, qui ont été condamnés aux peines portées par l'art. 147 du C. for. pour avoir conduit leurs bestiaux par ce chemin.

Vous pouvez considérer comme un aphorisme indiscutable la proposition suivante. *Sans chemins, surtout en montagne, la valeur des arbres est nulle ou presque nulle.*

C'est pour avoir méconnu cette vérité que bien des gens ont éprouvé des mécomptes, quand ils ne se sont pas ruinés. Dans l'arrondissement d'Annecy, tout près de Genève, où le bois se vend plus cher qu'à Nancy, des coupes avaient été vendues. Les adjudicataires n'y ont trouvé que de la perte, et ils auraient été ruinés s'ils n'avaient obtenu de cesser leurs exploitations dans cette forêt vierge, dont la situation est telle qu'il y a impossibilité absolue d'employer ni le schlittage, ni aucun autre procédé de vidange.

Dans le même arrondissement, j'ai vu en 1868 le palais inachevé d'un entrepreneur de travaux publics qui, après avoir gagné beaucoup d'argent, avait cru pouvoir doubler sa fortune en achetant de magnifiques forêts vierges couronnant les sommets situés au fond et en arrière du lac d'Annecy. Il y avait effectivement dans ces forêts un matériel valant plus d'un million, si l'on avait pu faire arriver les billes jusqu'au lac. On l'a tenté; on s'est même obstiné; on a employé tous les moyens possibles. Le résultat a été que l'entrepreneur, quoique millionnaire, s'y est ruiné; il était en faillite en 1868, et cette faillite n'avait pas d'autre cause que cette malencontreuse exploitation.

Dans l'arrondissement de Thonon, la commune de Morzine avait obtenu qu'on mit en vente des coupes dans des cantons où l'on n'avait jamais porté la cognée. Il y avait là de véritables géants. Un adjudicataire se présenta. Il obtint une coupe à vil prix et il commença l'exploitation. Mais quand il fallut procéder à la vidange, on reconnut qu'il n'y avait pas moyen de l'accomplir sans débiter en planches, et sur place, toutes les billes et de les descendre à dos d'hommes jusqu'à Morzine. Calcul fait, on reconnut qu'il y aurait plus à perdre qu'à gagner, et l'adjudicataire, consentant à supporter les frais d'abattage, se disposait à demander d'être dispensé de continuer l'exploitation. Les choses étaient en cet état, lorsque le hasard conduisit dans la coupe un individu qui cherchait, pour les facteurs de pianos, des billes propres à confectionner des tables d'harmonie, ce qui est assez rare. Il reconnut que les bois de la coupe étaient, à ce point de vue, d'une qualité exceptionnelle. Ce fut un trait de lumière. Une scie manœuvrée par une locomobile fut installée à grands frais; certains bois furent ainsi débités et transportés sur les voies carrossables avec des précautions infinies et, malgré ses dépenses considérables, l'adjudicataire en fut largement récompensé par l'énormité de la plus value des bois, ainsi exploités.

Vous voyez donc que j'avais raison de dire, dans ma correspondance, que s'il y a dans des arbres sur pied des valeurs quelquefois inertes, en ce sens qu'il est impossible d'en tirer aucun parti, il y a aussi des valeurs *latentes* qui se dégagent, lorsqu'il devient possible de les utiliser.

Les tables d'harmonie de la forêt de Morzine sont un cas exceptionnel, et j'ignore s'il s'en trouve un certain nombre parmi les 3,426 sapins de la forêt de Sost; mais ce que je sais, c'est que tous les arbres de cette forêt n'ont de valeur qu'autant qu'on peut les conduire jusqu'à Sost et de là au chemin de fer, par Mauléon et Sainte-Marie.

C'est ce qu'avait très-bien compris M. Lormière, lorsqu'il créa le chemin qui, longeant le ruisseau de Lourse et sa forêt, vient aboutir après un parcours de 1,740 mètres au chemin de Sost (V. la carte de l'Etat-major où la direction de ce chemin est indiquée par une couleur verte tranchant sur le rose).

Supposez que ce chemin n'existe pas ; supposez également que les hangars pour le charbon et l'écurie pour les bestiaux, dont l'emplacement est marqué sur la carte, n'existent pas davantage, la valeur du bois sera très-minime. Sans doute il sera possible de les amener au point de concentration (celui où se trouvent les hangars et l'écurie), en les faisant glisser sur les versants environnants qui forment là une sorte d'amphithéâtre. Les pentes sont douces et les glissoirs peuvent suffire. On peut d'ailleurs, lorsque cela est nécessaire, établir des chemins de schlitte, comme l'avait fait Malapert. Mais ces chemins ne sont utiles qu'autant qu'ils servent à une exploitation continue et qu'ils sont parfaitement entretenus. Ils sont aujourd'hui complètement détruits et c'est à recommencer. Le chemin de voitures, lui-même, a été endommagé par les inondations et il en coûtera environ 10,000 fr. pour le réparer. Vous voyez donc bien, que pour dégager la valeur latente, il faut s'ingénier, savoir comment s'y prendre et dépenser beaucoup d'argent.

Un exemple pris dans les Pyrénées vient à l'appui de ce que j'avance. Des coupes jusque-là inexploitées, comme celles des Alpes dont j'ai parlé, avaient été assises sur un espèce de plateau, dominant la rive gauche du Gave de Gabas qui passe aux Eaux-Chaudes. L'adjudicataire avait cru trouver un moyen bien simple de vider sa coupe. C'était de conduire ses bois jusqu'au-dessus des rochers à pic qui dominent la Gave d'environ 300 mètres, et de les lancer dans le torrent qui les aurait emportés à Laruns, où ils auraient été concentrés. Une partie des bois est effectivement arrivée à Laruns, mais non plus à l'état de billes. C'était tout au plus du bois de chauffage réduit en morceaux informes et dont la moitié s'était perdue. Une partie s'était arrêtée sur les aspérités des rochers; l'autre, composée de fragments trop petits, avait été emportée bien au-delà de Laruns. Bref le procédé était détestable.

Le même adjudicataire ou un autre, je ne sais trop lequel, eut recours à un moyen plus dispendieux, mais plus sûr, et qui lui réussit à merveille. Il fit venir des schlitteurs des Vosges, et la vidange devint relativement facile. C'est ainsi qu'on put exploiter des massifs vierges, ou à peu près, aux environs de Bious-Artigues, au pied du Pic du midi d'Ossau. J'ai vu en 1862, sur les chantiers des scieries établies près de la route des Eaux-Chaudes à Gabas, des billes de chêne et de sapin de dimensions énormes et l'on m'a certifié, ainsi qu'à M. le concervateur Chauvet mon compagnon de voyage, que ces billes avaient été conduites jusqu'au chemin de voitures par le schlittage.

Les massifs de Sost sont loin de présenter les mêmes difficultés. En examinant la carte de l'État-major, j'ai pu me convaincre que les pentes sont douces, régulières et que le schlittage peut être établi presque partout.

Il résulte de ce qui précède que le prix d'un arbre n'est définitif que quand il est arrivé sur un chantier ou sur un port marchand. Pour savoir ce qu'il vaut sur pied, il faut déduire de son cube total, estimé d'après le prix *marchand,* ce qu'il en coûtera pour conduire cet arbre au marché où un acquéreur pourra en prendre livraison. Rien n'est plus difficile à déterminer, alors surtout que les chemins d vidange n'existent pas, ou qu'ils sont incomplets, et qu'il faut faire entrer dans l'estimation les frais d'établissement de ces chemins. Toutefois leur création est le seul moyen de dégager ce que j'appelle la valeur *latente* de l'arbre qui, sans moyens de transport, peut quelquefois, vous l'avez vu, équivaloir à zéro. C'est ce que vous diront tous les forestiers. C'est ce qu'avait parfaitement compris M. Autherac. C'est, au surplus, l'évidence même, et il n'est personne qui ne sache que la création de chemins est un coëfficient qui augmente énormément la valeur des arbres. Dans quelle proportion ? c'est ce que je ne puis dire avec certitude. Cela dépend des circonstances.

Quoi qu'il en soit, je ne crains pas d'affirmer que si l'on pouvait considérer comme valeur vénale le prix ridicule de la dernière adjucation sur folle enchère de la forêt de Sost, cette valeur serait beaucoup plus que décuplée par la création de nouveaux chemins. Même avec celui qui existe, M. Micard estime que la superficie seule vaut dix fois plus que le prix payé par le dernier acquéreur, et cela sans tenir compte de la valeur du sol. Je n'approuve ni ne conteste l'estimation de M. Micard. Je ne suis pas assez renseigné sur ce point, mais j'incline à croire qu'elle est beaucoup trop modérée, surtout en présence du prix toujours croissant du hêtre, prix qui a encore augmenté depuis sa visite de la forêt de Sost.

Si vous voulez absolument que je m'explique sur la valeur probable des forêts appartenant à M. Lormière, au moment de la vente de 1869, je crois qu'on pourrait approximativement l'établir ainsi que je vais le dire. — Je ne garantis rien, et les chiffres ci-après sont peut-être susceptibles de modifications en plus ou en moins. Quoi qu'il en soit, on peut, sauf renseignements ultérieurs, raisonner ainsi qu'il suit :

J'ai dit plus haut que, d'après les évaluations empruntées aux travaux de M. l'inspecteur Delor, en 1867 et 1871, travaux dans lesquels il a déclaré accepter les prix des experts de 1849, les forêts dont il s'agit vaudraient 376,000 fr. *valeur de* 1849. Il faut ajouter à ce chiffre celui de 22,000 fr. environ fixé par M. Delor, pour la valeur des parcelles de Montsec et de Montreilles comprises dans la vente de 1869, ce qui éleverait le chiffre total à 398,000 ; toujours *valeur de* 1849.

Mais les experts du partage, qui ont opéré à cette dernière date, ont estimé la totalité du lot de la branche aînée à 529,274 fr. fonds et superficie, y compris le petit bois de Bourgellas acheté par M. Depratz. Puis ces mêmes experts ont formellement déclaré dans leur rapport, que l'établissement de routes doublerait la valeur de ce lot. Par conséquent, cette appréciation très-modérée porterait la valeur des forêts Lormière, après la création des routes, à 796,000 fr. Mais il y aurait encore lieu d'ajouter à ce chiffre l'accroissement des bois depuis 1849 jusqu'à 1869. Dès lors, en déduisant de cet accroissement les 9,000 arbres environ qui ont été exploités par M. Lormière, mais, en tenant compte de l'augmentation, toujours croissante du prix du hêtre, on pourrait porter l'estimation brute desdites forêts à un million.

Sans doute, et à part les droits d'usage dont je vais parler, il faut déduire de ce chiffre les sommes qui seront employées à la création de nouveaux chemins, et la valeur superficielle des vides que j'ai comptés comme peuplés. Tout cela est l'inconnu. Les vides ne sont ni de 20 hectares, comme l'a dit M. Meslier de Rocan dans son rapport, ni de 400 hectares, comme il l'a dit plus tard. On m'assure qu'ils sont peut-être de 120 hectares environ, mais je n'ai, à cet égard, aucune certitude. En exagérant les déductions à

B

opérer de ces deux chefs, les forêts vaudraient toujours de 700,000 à 800,000 fr.

Bien que le rapport des experts de 1849, dont j'extrais ces chiffres, ait été homologué par le tribunal de Bagnères et par la Cour de Pau, je sais qu'il en existe un autre. C'est celui des experts chargés de préparer le cantonnement. Ce document n'estime la forêt de Sost, la seule dont ses auteurs se soient occupés, en ce qui nous concerne, qu'à 248,765 fr., en fonds et superficie. Il faut ajouter à cette somme 22,000 fr. pour le lot restitué par le Domaine, ce qui porte l'estimation totale à 260,000 fr. en chiffres ronds.

Mais je sais aussi, par l'étude que j'ai faite des dossiers administratifs, que ce rapport a été très-fortement critiqué par l'Administration forestière et par celle des Domaines, lorsque l'État se préparait à plaider sur le cantonnement. Depuis, l'État a transigé avec les communes usagères. Par suite, le Domaine, est aujourd'hui complètement désintéressé dans la question du cantonnement ; car la transaction homologuée par décret du 19 novembre 1873, impose aux communes l'obligation de suivre, pour le compte de l'État, l'instance en cantonnement. Les communes sont substituées à ses droits, mais elles doivent supporter ses charges. Elles sont, notamment, exposées aux revendications que les acquéreurs de la famille de Luscan peuvent avoir à exercer, à raison des usurpations commises *ut singuli*, par les habitants de la vallée de la Barousse. Des documents administratifs et des arrêts indiquent que ces usurpations se sont étendues, pendant la période domaniale, sur plus de mille hectares, sans compter la forêt de Larize de 300 hectares, usurpée par la famille Pène de Villemur, et dont un arrêt souverain a prononcé la réintégration au profit du Domaine et de la famille de Luscan. Les représentants de cette famille se prétendent fondés à se partager la moitié de cette propriété reconquise. Rien n'est jugé sur cette question, ni sur beaucoup d'autres qui pourront surgir. Le Domaine a fait une excellente opération en se désintéressant de tous ces procès. Il a payé cher, il est vrai ; mais il est actuellement en possession paisible d'un massif dégrevé d'usages en bois, dont la contenance est de plus de 1,200 hectares dans la vallée de Ferrère. L'aménagement de ce massif vient d'être terminé, et sa valeur ne peut manquer de s'accroître par les soins d'une administration intelligente.

J'ai dit plus haut que le rapport des experts du cantonnement a été très fortement critiqué, tant par les agents forestiers locaux, y compris M. Delor, que par le directeur des Domaines à Tarbes et par les Conseils des administrations des forêts et des Domaines. Pour vous donner une idée du bien fondé de ces critiques, je vous signalerai seulement celles qui portent sur deux points : La capitalisation du revenu forestier qui a eu lieu sur le pied de 5 0/0, tandis qu'elle se fait toujours sur celui de 3 0/0 ; le sol de la forêt de Sost a été estimé de 40 à 55 francs par hectare ; il n'a été porté à 60 francs que pour une contenance de 44 hectares, 84 ares.

Lorsque nous plaiderons à Bagnères et à Pau, je compte bien faire mon profit des critiques que le Domaine se proposait d'élever contre le rapport de MM. les experts, en y ajoutant toutes celles qui me seront personnelles. Vous pouvez être assuré qu'elles seront nombreuses et fondées. Pour en revenir à l'estimation de 260,000 francs, je vous ferai remarquer qu'elle se trouve dans un document sujet, comme vous le voyez, à discussion. Dans tous les cas, la valeur assignée à la forêt de M. Lormière par les experts du cantonnement est bien supérieure à celle que MM. les agents forestiers de Bagnères ont cru devoir indiquer à votre client. Elle est supérieure aussi au prix de l'adjudication prononcée en 1873, (je ne saurais dire à son profit) prix dont il est, au surplus, responsable envers les créanciers de Malapert, sous déduction de celui auquel la forêt a été revendue sur folle-enchère.

En résumé, et sans me préoccuper d'un chiffre plutôt que d'un autre, j'ai la conviction qu'un propriétaire patient, intelligent et bien dirigé, à la condition de dépenser environ 100 francs par hectare en améliorations, et surtout pour la création de chemins de vidange, peut faire produire à la forêt de Sost un très beau revenu. Il n'eût même peut-être pas été impossible qu'un spéculateur eût pu en tirer 600,000 francs, s'il avait eu des fonds suffisants pour faire face aux avances nécessaires, et s'il eût permis aux communes usagères le libre parcours des bestiaux comme l'avait fait Malapert. Mais, pour cela, il eût fallu que ce spéculateur disposât de capitaux assez considérables qui faisaient absolument défaut à l'acquéreur de M. Lormière. C'est aussi, très vraisemblablement, ce qu'a compris son vendeur, qui ne paraît pas avoir été, au moment de la vente, beaucoup plus pourvu de capitaux disponibles que ne l'était son acquéreur.

II

Valeur des Droits d'usage.

J'aborde maintenant la question de la valeur des droits d'usage.

MM. Delor et Tiétard les ont estimés à moitié ;

M. Micard, au tiers ;

M. Authenac à peu près au même chiffre, puisqu'il pense que la construction de nouveaux chemins, de nouvelles scieries, et la valeur des droits d'usage absorberont la moitié de la forêt ;

M. Meslier de Rocan a estimé les droits d'usage seuls au sixième ;

La Cour de Pau au quart.

Cette dernière proportion me paraît être la plus rapprochée de la vérité. Elle semble cependant s'écarter singulièrement du cantonnement transactionnel fait entre l'État et les communes en 1873, puisque cet acte attribue aux communes usagères 43 0/0 du lot domanial.

Je démontrerai tout à l'heure que l'écart n'est pas aussi considérable qu'on pourrait le supposer à première vue, si même il y a écart. Bien plus, il ne serait pas impossible que cette limite du quart ne fût pas atteinte. Mais je dois, avant tout, vous faire connaître les circonstances dans lesquelles ce cantonnement transactionnel est intervenu.

Il doit vous paraître étrange que des droits d'usage, affectant indivisiblement la totalité des masses forestières de la Barousse, aient pu être cantonnés séparément par l'un des propriétaires asservis.

Cette opération est effectivement contraire à tous les principes. Il est certain qu'on ne peut ni forcer les usagers à subir un cantonnement partiel, ni obliger les propriétaires grevés indivisiblement à cantonner contre leur gré. Il y a donc un cas, mais c'est le seul, où, malgré la généralité apparente de l'art. 63 du C. for., le cantonnement est impossible, à moins que le propriétaire qui veut se libérer, alors que les autres refusent de participer à l'opération, ne consente à payer pour les récalcitrants.

C'est ce dernier parti que j'ai été obligé de prendre dans une affaire où la résistance des usagers à un cantonnement partiel était invincible, aussi bien que celle d'un propriétaire grevé autre que celui qui voulait cantonner.

Rien de semblable n'était praticable dans la Barousse, à raison de l'importance des lots asservis. L'administration forestière l'avait parfaitement compris ; aussi résistait-elle au partage demandé par la famille de Luscan, en soutenant que, partager la forêt et laisser subsister les droits d'usage qui la grèvent indivisiblement, c'était méconnaître le but essentiel du partage qui est de séparer à jamais les intérêts des comparsonniers, et de mettre un terme aux difficultés inhérentes à l'état d'indivision. Néanmoins la Cour de Pau décida que les inconvénients signalés n'étaient pas assez graves pour surseoir au partage. Il fut ordonné par arrêt du 5 mai 1852 (*Annales forestières*, n° 1117). En conséquence, le tirage au sort eut lieu le 29 novembre 1852 entre l'État et les héritiers de Luscan. Plus tard, un sous-partage fut opéré, le 21 novembre 1854, entre les deux branches de la famille de Luscan ; partage dans lequel la forêt de Sost échut à la branche aînée.

Malgré cet état de choses peu favorable à l'exercice de l'action en cantonnement, elle fut intentée à la requête de l'État contre vingt-quatre communes usagères et contre les deux branches de la famille de Luscan. L'action était dirigée, en outre, contre un sieur Depratz, acquéreur de la petite forêt de Bourgellas, dépendant du lot de la branche aînée. Le rapport des experts attribue à cette forêt une contenance d'environ 112 hectares.

Cette action fut accueillie par un jugement du tribunal de Bagnères du 14 février 1859, lequel ordonna le cantonnement, tant entre l'État et la vallée de Barousse, qu'entre les héritiers de Luscan et ladite vallée.

Quant à M. Depratz qui avait à peu près rasé sa forêt, déjà très-dévastée au moment de son acquisition, il refusa de se joindre aux propriétaires pour exercer le cantonnement. Le tribunal reconnut qu'il était dans son droit, que les servitudes usagères devraient continuer à grever sa forêt, et que les experts, chargés de donner leur avis sur le cantonnement, s'occuperaient seulement des forêts appartenant à l'État et aux héritiers de Luscan qui avaient accepté de participer au cantonnement.

Sur l'appel, ce jugement devait nécessairement être réformé, car il violait le principe d'après lequel les usagers ne peuvent être contraints de subir contre leur gré un cantonnement partiel. Néanmoins, devant la Cour de Pau, les communes usagères, loin de revendiquer leur droit, acceptèrent formellement le jugement du tribunal de Bagnères qui fut confirmé par arrêt du 5 décembre 1860. Malgré la résistance de M. Depratz, qui demandait sa mise hors de cause, l'arrêt l'a maintenu dans l'instance, tout en reconnaissant qu'on ne pouvait le contraindre à se libérer.

C'est en vertu de cet arrêt du 5 décembre 1860, que les experts ont opéré. Ils y ont mis le temps, car leur rapport n'a été déposé que le 18 juin 1868. L'instance est toujours pendante devant le tribunal de Bagnères. L'État se préparait à la faire vider en 1870, lorsque la guerre a éclaté. Plus tard, le 20 septembre 1873, intervint le cantonnement transactionnel dont j'ai parlé, et qui a été homologué par un décret présidentiel du 19 novembre 1873.

Cette transaction a été précédée d'un rapport au Conseil d'administration des forêts du 27 juin 1873, lequel a été approuvé par le Ministre des finances, le 25 juillet suivant.

Je lis dans ce rapport ce qui suit: « En admettant que le tribunal eut fait droit aux observations des agents des forêts (parmi lesquels figure M. Delor) et mis seulement à la charge de l'État la moitié du cantonnement, le Domaine aurait dû abandonner une portion de forêt d'une valeur de 503,286 fr.

« Dans ces conditions, il est évident que l'État a tout intérêt à terminer le procès à l'amiable et à éviter de nouveaux frais, en n'abandonnant aux communes qu'une portion de forêt, estimée il est vrai 483,071 fr. en 1849, mais que le procès-verbal d'expertise, soumis actuellement au tribunal, n'évalue qu'à 342,588 fr.

« Cette portion de forêt ne représente d'ailleurs que 15 pour 100 de la valeur de la forêt domaniale grevée de droits d'usage ; le sacrifice demandé à l'État ne paraît donc pas exagéré, si l'on considère que les droits absorbent la possibilité. »

En rapportant textuellement ce passage, je suis loin d'approuver les chiffres qui s'y trouvent indiqués. Je proteste en outre contre l'allégation d'après laquelle les droits d'usage absorbent la possibilité. Sans doute cette proposition résulte du procès-verbal d'expertise ; mais je me suis permis de sourire à la lecture de cette partie du travail des experts. J'ai souvenir en effet que notre regretté Parade, m'a dit cent fois que la détermination de la possibilité d'une forêt jardinée est chose impraticable. A plus forte raison en est-il ainsi, lorsqu'il s'agit d'une forêt aussi peu régulière que celle de Sost. Puis les procédés employés pour cette détermination témoignent qu'on ne peut avoir aucune confiance dans les résultats obtenus. D'un autre côté, les besoins des usagers en chauffage ont été singulièrement exagérés ; je me charge de le démontrer, lorsqu'on plaidera sur le cantonnement. Non-seulement ces besoins ont été exagérés, mais leur existence est même très-problématique.

Une discussion sur les besoins serait prématurée. Je me borne à vous indiquer d'après mon oracle sur la matière, M. Parade, le vice du procédé employé par les experts. Quoique la forêt de Sost soit très-irrégulière, ils ont cru pouvoir déterminer la possibilité *par étendue*. Or voici ce que je lis à la page 194 du *Cours de culture des bois* de M. Parade, 1ᵉ édition : « Ce principe (celui d'après lequel les produits matériels sont entre eux comme les surfaces) n'est jamais rigoureusement vrai, et il ne devient admissible que quand les essences, la qualité du sol et la croissance des bois ne présentent généralement que peu de dissemblance. Mais il ne saurait en être ainsi dans une forêt de quelqu'étendue où la situation, l'exposition et la nature du terrain apportent souvent des différences très-tranchées dans l'état du bois ; et où, par conséquent, sur d'égales contenances, les produits matériels peuvent être d'une inégalité extrême. *Dans ce cas, il est évident que le principe que nous venons de poser cesse d'être admissible.* »

Plus loin, à la page 317, l'auteur, confirmant le passage ci-dessus, ajoute : « L'irrégularité du peuplement seule, au surplus, serait un motif suffisant pour renoncer à la possibilité par contenance. » Enfin, comme conclusion, en parlant des forêts jardinées (c'est le cas de celle de Sost) l'auteur déclare « que c'est en vain qu'on tenterait de régler la possibilité avec la même *approximation* que dans une forêt régulière. *L'état du peuplement y met des obstacles* INSURMONTABLES.

Ce qu'il y a de plus curieux, c'est que les experts n'ont passeulement cherché à déterminer la possibilité effective, d'après l'état actuel du peuplement. Reconnaissant leur impuissance à cet égard, ils ont, en dehors de la réalité des faits, cherché dans leur imagination une possibilité idéale, ce qui est le comble de la fantaisie en matière de cantonnement où les choses doivent être prises dans leur état actuel et réel, et non dans un état qui pourrait être, mais qui n'existe pas.

A part cette discussion scientifique, il y a un fait qui domine tout et que les experts ont sans doute ignoré. Ce fait est que l'État et les communes ont prétendu que les héritiers de Luscan (branche cadette) avaient excédé la possibilité, qu'ils avaient fait des coupes abusives à raison desquelles on leur demandait des dommages-intérêts, avec interdiction de récidiver. Cette prétention a été repoussée, en ce qui concerne l'État, par un jugement du 5 janvier 1858, confirmé par arrêt du 10 juin 1859 (Les copies de ces pièces se trouvent dans le dossier administratif, n° 14,048). — En ce qui concerne les communes, leur demande a été écartée par un jugement du 10 avril 1867 (même dossier). Depuis ce double échec, les prétentions ayant pour objet de faire reconnaître l'existence de coupes abusives ne se sont plus produites; aucune délivrance de chauffage n'a été demandée depuis plus de vingt ans. En outre, ni Lormière, ni Malapert n'ont été inquiétés à raison de leurs exploitations; ils ont pourtant coupé plus de 19,000 arbres. Comprend-on qu'il ait pu en être ainsi dans le cas où les droits d'usage absorberaient l'entière possibilité? L'erreur de l'expertise est donc manifeste. Il y en a bien d'autres. — Puis les experts n'ont pas tenu compte de l'impossibilité absolue pour les usagers d'exploiter le bois d'affouage dont ils n'ont jamais pris livraison. Sans doute ils en ont demandé autrefois, mais ils ne les ont jamais exploités; le fait est constaté par un arrêt de la Cour de Pau dont un extrait authentique est dans votre dossier. On lit dans cet arrêt : « Que l'administration forestière a tenu à la disposition de la Vallée 80,000 stères de bois de chauffage qui n'ont pas été réclamés, » Le texte imprimé p. 271, t. 6, du *Bull. des Ann. for.*, porte le chiffre de cette délivrance à 90,000 stères. Il est donc certain que les droits en bois de chauffage ne sont pas exercés, parce qu'ils ne peuvent pas l'être, et que les usagers se procurent ailleurs les bois qui leur sont nécessaires. Comment donc peut-on dire que les besoins sont supérieurs à la possibilité ?

Après cette digression qui vous permettra de repousser victorieusement l'objection dont on pourrait se prévaloir en invoquant le rapport de MM. les experts du cantonnement judiciaire, je reviens au cantonnement transactionnel.

Les articles 2 et 3 de cette transaction sont ainsi conçus :

ARTICLE 2. — Lesdites communes reconnaissent qu'elles n'ont aucun recours en garantie à exercer contre l'État, à raison de la mauvaise administration des bois et forêts mis au lot des héritiers de Luscan ou de leurs cessionnaires et acquéreurs, et elles renoncent expressément à tous les droits qu'elles pourraient avoir à cet égard.

ARTICLE 3. — Les communes usagères de la Vallée supporteront, pour le compte de l'État, les frais de TOUTE INSTANCE à laquelle le présent cantonnement pourra donner lieu de la part de la famille de Luscan, *de leurs cessionnaires ou acquéreurs.*

Il est expliqué, quant à la forêt de Sacoué, ou de l'Arize, que les ayants droit des héritiers de Luscan, notamment M. Malaport et M. Robert ont manifesté l'intention de se faire déclarer copropriétaires de ladite forêt, prétention qui est contestée par les héritiers de Luscan (1); M. Malaport a même déjà assigné l'État en partage de cette forêt et a appelé tous les ayants droit dans cette instance sur laquelle, dans l'intention actuelle des parties, il doit être statué en même temps que sur l'instance en cantonnement.

Les communes usagères feront statuer sur cette instance comme sur l'instance en cantonnement, *à leurs risques et périls,* l'État, par suite de la présente transaction, devant être mis hors d'instance...

ARTICLE 4. — Les droits de timbre et d'enregistrement de l'acte à intervenir seront supportés par les communes de la Vallée.

ARTICLE 5. — Relativement aux frais de l'instance déjà exposés, ils seront supportés, comme l'a décidé l'arrêt du 5 décembre 1860, en proportion des droits de chaque partie. En conséquence, il sera fait masse de tous les frais exposés jusqu'à ce jour, acquittés ou non, à l'exception des honoraires des avocats, et ils seront supportés dans la proportion de 55 pour cent par l'État et de 45 pour cent par les communes de la Vallée.

(1) Cette contestation ne peut exister qu'à l'égard des acquéreurs du lot de la branche cadette. Quant aux acquéreurs du lot de la branche aînée, ils ont été investis de tous les droits appartenant aux héritiers, même de tous les droits éventuels et futurs à exercer par suite de l'indivision. Le propriétaire de la forêt de Sost a donc le droit de réclamer le quart environ de la forêt de l'Arize dont la contenance totale est de 300 hectares.

Telle est cette transaction qui impose de lourdes charges aux communes. C'est l'acte d'une administration très-intelligente qui met fin, en ce qui concerne l'État, à une série de procès commencés il y a 44 ans. Toutefois, bien qu'en donnant, au point de vue administratif, une approbation sans réserve à cette transaction, je ne veux pas qu'on puisse se prévaloir de ce que j'écris ici pour en conclure que j'accepte la mise hors cause de l'État dans les instances en cantonnement et autres. L'État doit rester en cause, à l'égard de tous les acquéreurs de ses anciens comparsonniers. Il est en possession de pièces et de documents divers dont toutes les parties ont le droit d'avoir communication. Au point de vue des frais qui sont importants, comme aussi au point de vue des dommages-intérêts qui peuvent être réclamés tant contre le Domaine que contre les représentants de la branche cadette de Luscan, soit à raison des usurpations, soit à raison de la mauvaise administration rappelée dans l'article 2 de la transaction, nous ne pouvons accepter que l'État seul comme contradicteur et comme débiteur éventuel. Les communes usagères ont garanti l'État contre les conséquences de nos répétitions. C'est fort bien ; mais cet acte est, à notre égard, *res inter alios acta.* On ne peut donc nous l'opposer, et nous avons intérêt à ce que l'État reste en cause dans toutes les contestations qui seront la conséquence du partage et du cantonnement. En effet, si des condamnations sont prononcées à notre profit, nous avons intérêt à ce qu'elles le soient contre l'État et non contre les vingt-quatre communes, parties dans l'instance en cantonnement. Ce serait même à trente communes que nous aurions affaire, si l'on admettait la légitimité des droits de six communes étrangères à l'instance en cantonnement, droits qui ont été reconnus par l'État, mais non par aucun des propriétaires représentant les héritiers de Luscan. Chacun d'eux a donc la faculté d'admettre ou de repousser le cantonnement à l'égard de ces six communes.

Ces réserves faites, j'arrive à la comparaison entre le cantonnement transactionnel de 1873 et celui qui pourrait être fait judiciairement avec les propriétaires autres que l'État.

Je vous fais remarquer, en premier lieu, que si ce document avait été connu, lors du jugement dont est appel, son rédacteur n'aurait pu se prévaloir contre votre client de ce que M. Delor lui aurait dit que les droits d'usage représentent *au moins* la moitié de la valeur de l'immeuble. C'est *au plus* qu'aurait dû dire M. Delor, puisque le cantonnement transactionnel, sur lequel il a été consulté, et dont il a proposé la réalisation, donne seulement 15 0/0 aux communes usagères.

Mais vous allez voir que, à l'égard des propriétaires restant en cause, l'importance de leur sacrifice doit être beaucoup moindre.

En effet, les décrets des 12 avril 1854 et 19 mai 1857 qui ont réglé la marche à suivre administrativement, pour le cantonnement *amiable* dans les forêts domaniales, ne s'imposent, en aucune façon, au cantonnement opéré judiciairement entre un usager et un particulier. Il y a plus, les règles tracées par ces actes administratifs ne gouvernent le cantonnement des droits d'usage dans les forêts domaniales qu'autant que l'opération conserve le caractère *amiable*. Aussitôt que le cantonnement devient judiciaire, les *concessions* faites aux usagers, en vue d'un cantonnement amiable, sont considérées comme non-avenues. Devant les tribunaux, l'Etat retire ces concessions, essentiellement provisoires, puisqu'elles sont toutes subordonnées à l'acceptation de l'usager; il se prévaut alors des principes qui gouvernent le cantonnement *strict*. C'est ce qui a été parfaitement mis en lumière par un arrêt de la Cour de Besançon du 9 mars 1864 (D. P. 64. 2. 49 et mes annotations sur cet arrêt). La Cour de Metz avait paru hésiter sur cette question, en ce qui concerne les cantonnements domaniaux (Metz, 28 janvier 1861 (D. P. 61. 2, 153, et mes observations); mais jamais il n'a pu s'élever le moindre doute sur l'inapplicabilité du décret du 19 mai 1857 au cantonnement des droits d'usage dans les bois des particuliers.

Le décret de 1807 est très libéral; mais, dans la pratique, on a été souvent plus libéral encore. L'Etat évite, autant qu'il le peut, de plaider contre les communes. Pour arriver à ce résultat, il exagère souvent les concessions réglementaires qui, dans leur ensemble, s'élèvent normalement à 25 0/0, c'est-à-dire au quart de la valeur des droits d'usage. Ce chiffre de 25 0/0 est indiqué par une circulaire de M. le Directeur général des forêts, approuvée par le Ministre des finances. On lit dans cette circulaire le passage suivant : « Il sera utile que les usagers aient connaissance des concessions qui résultent du décret et qui, *dans leur ensemble, s'élèvent à environ* 25 0/0 (D. P. 57. 3e partie 3e colonne de la page 55).

Il est donc acquis que tou' cantonnement *amiable* est supérieur de 25 0/0 au cantonnement *strict*. Par conséquent, en donnant 45 0/0 aux communes de la Barousse, le Domaine leur a donné un quart en plus que ce qu'il leur devait. Si donc on retranche ce quart, soit 11, 25, on trouve qu'un particulier n'aurait dû abandonner en cantonnement que 33, 75 0/0 ; c'est-à-dire environ un tiers de sa propriété.

Mais cela suppose, contre toute vérité, que ces 33, 75 0/0 représentent le cantonnement strict. Je vais vous montrer qu'il n'en est rien. Comme je l'ai déjà dit, les concessions de l'État sont quelquefois très supérieures à 25 0/0. J'ai connaissance d'un cantonnement proposé dans les Pyrénées aux usagers de Quérigut et dans lequel les concessions domaniales s'élèvent, si j'ai bonne mémoire, à 80 0/0. Il s'agit, comme dans la Barousse, d'un cantonnement transactionnel avec les communes d'une vallée de l'Ariége, située à 1,200 mètres au dessus du niveau de la mer et dans laquelle les bois de feu sont invendables à d'autres qu'aux habitants de la localité; sans doute, ces circonstances exceptionnelles ne se rencontrent pas dans le cantonnement de la Barousse; mais il ne faut pas oublier que la transaction de 1873 impose aux communes usagéres des charges très lourdes, plus lourdes même qu'elles n'ont pu le supposer, et que cette circonstance a dû nécessairement être prise en considération pour élever au-delà de 25 0/0 le chiffre des concessions domaniales, de telle sorte que, en réalité, le cantonnement *strict* n'aurait pas donné aux usagers plus du quart de la valeur des forêts usagéres et peut-être même moins. Or, un particulier qui n'a pas de générosités à faire aux communes, qui ne transige pas avec elles, qui ne leur impose aucune charge particulière, ce particulier, dis-je, ne peut être obligé à donner plus du quart.

C'est précisément ce qu'a jugé la Cour de Pau, par son arrêt du 15 mai 1871 intervenu dans les circonstances suivantes.—Vous savez qu'une erreur s'était glissée dans le partage des forêts entre l'État et la famille de Luscan. Cette erreur a été réparée par l'abandon, au profit de M. Lormière, des parcelles de Montreille et de Montsec, d'une valeur de 22,000 francs environ. Une erreur analogue fut commise toujours au préjudice de la branche aînée, dans le sous-partage opéré entre les héritiers en 1854. Malapert, substitué aux droits de Lormière, lequel était lui-même substitué aux droits de la branche aînée de Luscan, assigna Mlle de Luscan représentant la branche cadette, en paiement de la différence. Mlle de Luscan ne pouvait pas payer en nature, puisqu'elle n'était plus propriétaire. L'indemnité due à Malapert dut donc être liquidée en argent. L'arrêt susdaté du 15 mai 1871 l'a fixée à 12,151 fr. 20.

Mais Mlle de Luscan fit observer avec raison, que le terrain conservé par ses acquéreurs était grevé de droits d'usage qui en diminuaient incontestablement la valeur. La Cour de Pau était donc appelée à fixer entre les parties la valeur des droits d'usage, lesquels grèvent indivisiblement les forêts de la branche cadette aussi bien que celles de la branche aînée. La Cour a décidé que ces droits d'usage équivalaient au quart de la valeur de la propriété. En conséquence, elle n'a condamné Mlle de Luscan, à payer à Malapert que les trois quarts de 12.151 fr. 10, soit 9.113 fr. 83.

Cet arrêt ne préjuge-t-il pas fortement la question, et ne serait-on téméraire si l'on disait que la Cour adoptera la même base pour le cantonnement? Non, sans doute, et vous allez même voir que la proportion du quart, déterminée par la Cour de Pau, serait un maximum qui ne doit pas être atteint.

En effet, les droits d'usage de la vallée profitent à vingt-quatre communes au profit desquelles ils ont été judiciairement reconnus. La transaction de 1873, qui ne lie pas les ayants droit de la famille de Luscan, a reconnu les mêmes droits au profit de cinq autres communes. Il y a indécision, même administrativement, à l'égard d'une sixième commune. Ce qui est certain c'est que ces droits, à supposer qu'ils soient jugés appartenir à ces vingt-quatre, vingt-neuf ou trente communes, leur appartiennent *indivisément*. Par suite, elles doivent être cantonnées en masse et non pas séparément. Elles jouiront indivisément de toutes les forêts qui leur seront abandonnées en échange de leurs droits dont elles jouissent aussi indivisément. Ces droits grèvent *indivisiblement* tous les terrains asservis, sans distinction de leurs propriétaires. Cette indivisibilité du droit a été reconnue par plusieurs arrêts intervenus entre les parties. Il en résulte qu'aucun des propriétaires de terrains asservis ne peut opposer aux communes la prescription de leurs droits, à moins qu'elles n'aient renoncé à l'exercice de l'un d'eux à l'égard de tous les propriétaires. Dans l'hypothèse inverse, les faits d'exercice de l'usage sur une partie le conservent sur le tout. C'est la conséquence de l'indivisibilité de la servitude : *Ita diffusa est ut omnes glebæ serviant... Tota est in toto et tota in qualibet parte.*

Ceci posé, il convient de rechercher quelle peut être l'influence, sur le cantonnement, des usurpations commises *ut singuli* par les habitants de la Vallée. Un jugement du tribunal de Bagnères, du 5 août 1850, confirmé en appel par la Cour de Pau, indique que les usurpateurs sont au nombre de 800 et que l'étendue des terrains usurpés est de 1.000 hectares. En supposant que tous les propriétaires des parcelles usurpées soient couverts par la prescription (ce qui est contestable et ce que je me réserve de contester) ces propriétaires, quelle que soit aujourd'hui la nature de leurs terrains, n'en sont pas moins soumis à l'exercice des usages, en vertu du principe de l'indivisibilité. Les communes peuvent exercer leurs droits non prescrits sur ces terrains. Comment s'y prendront-elles ? Cela ne nous regarde pas. Leur droit n'en est pas moins certain. Dès lors, il est incontestable que ces 1,000 hectares usurpés doivent participer au cantonnement, en ce sens que la jouissance des communes usagères sur ces terrains amoindrira la part à payer par les propriétaires qui cantonnent. Sans doute ces usurpateurs ou leurs ayants droit ne seront pas appelés au cantonnement. Mais ils seront, à l'égard de toutes les parties en cause, dans une situation analogue à celle de M. Depratz, propriétaire du bois de Bourgellas qui a refusé de cantonner. Les usagers ne pourront se soustraire à cette conséquence logique, puisqu'ils ont accepté, à plusieurs reprises, d'être cantonnés partiellement. Il suit de là que quand on en viendra au compte à établir avec les usagers, quant à la part contributive de chacun des propriétaires participant au cantonnement, ce compte devra être établi sur les bases suivantes :

D'après l'expertise du partage, et sans se préoccuper des erreurs qu'elle renferme, erreurs qui peut-être se compensent, l'étendue des terrains partagés est de 5.837 hectares. Mais, au lieu de fixer, d'après cette contenance, la part de chacun des propriétaires qui cantonnent, il y a lieu d'y ajouter : 1° Les 1.000 hectares de terrains usurpés ; 2° les 300 hectares revendiqués sur les héritiers Pène de Villemur (l'Arize) ; ce qui porte à 7,137 hectares la masse des forêts usagères dont 6,137 hectares cantonnables, et

1,112 hectares non cantonnables, y compris de bois de Bourgellas appartenant à M. Depratz. Il est évident que cette différence entre les contenances des forêts usagères amoindrira d'une manière sensible les portions de forêts à délaisser par les propriétaires qui cantonnent. Cette diminution, qui sera environ de un septième, profitera donc au propriétaire de la forêt de Sost, dont la part contributive sera nécessairement inférieure au quart de son domaine.

Cette vérité a été entrevue par M. Meslier de Rocan, et c'est peut-être la seule partie de son rapport qui soit exempte d'erreur. C'est cependant un résultat qui n'apparaît pas tout d'abord, et qui se déduit plutôt de la science du droit que de la science forestière. N'est-il pas étrange que, dans cette circonstance, M. Meslier de Rocan se soit montré aussi excellent jurisconsulte qu'il a été mauvais estimateur ?

Toutefois ce n'est pas tout, et j'entrevois certaines combinaisons, deux au moins, qui pourront permettre aux propriétaires asservis de se libérer des usages plus avantageusement encore que je ne viens de l'indiquer. Mais je me garderai de vous parler de ces combinaisons. C'est mon secret que je ne puis divulguer en ce moment, à peine de compromettre le résultat dont je prévois la réalisation.

De tout ce que dessus, il ressort cette conclusion incontestable, que si M. Meslier de Rocan a peut-être estimé les droits d'usage trop bas en fixant leur valeur au sixième, MM. les agents forestiers de Bagnères les ont évalués beaucoup trop haut en disant qu'ils absorberaient *plus de la moitié* de la forêt. En réalité, ces droits d'usage, dont on a fait tant de bruit, ne sont pas aussi terribles qu'on a bien voulu le dire et tout indique que, si l'on doit plaider sur le cantonnement, ils seront fixés au-dessous du quart de la valeur que ce cantonnement attribuera à la forêt de Sost.

Sur ce, cher confrère, je vous serre la main bien affectueusement.

Neuilly, 20 avril 1875.

E. MEAUME.